**Wolfgang Knittel**  ~  *Fermate*

FSC
www.fsc.org
MIX
Papier aus ver-
antwortungsvollen
Quellen
Paper from
responsible sources
FSC® C105338

Bildnachweis:

    Fotos: Wolfgang Knittel
    graphische Elemente: Microsoft ®

Lay-out und Buchcover: Wolfgang Knittel

# Fermate

## Ausgewählte Gedichte

**Wolfgang Knittel**

*Für Andrea, Sabine und Bea*

Impressum

© 2015  Wolfgang Knittel (1. Auflage)
© 2016  Wolfgang Knittel (2. Auflage, geringfügig verändert und aktualisiert)

Herstellung und Verlag:   BoD – Books on Demand, Norderstedt

printed in Germany

ISBN  9 783 738 638 462

# Literatur

Der menschliche Kopf hat nicht immer Volumen,
und groß ist nicht zwangsläufig jeder Verstand.
Und doch steckt in jedem – gescheiten wie dummen –
ein Raum, der ein All-Universum umspannt.

Der Raum ist privat, ist verwehrt fremden Füßen.
So fühlt sich der Kopf, isoliert, sehr allein.
Dann drängt es ihn, andern die Tür aufzuschließen.
Dann lässt er auch selbst sich auf andere ein.

Dann kristallisieren Gedanken zu Worten,
gesprochen, geschrieben, abstrakt und konkret.
Dann treffen sich Welten mit anderen Orten:
Verständnis wird möglich, wo Austausch entsteht.

Ein Buch gewährt Einblick in solch' Universen.
Romane, Geschichten von Leben und Tod,
erzählte Gefühle, auch bildhaft in Versen,
befruchten und nähren als geistiges Brot.

Sie relativieren die eignen Gespenster.
Sie warnen vor Übermut bei zu viel Glück.
Das Atmen fällt leichter bei offenem Fenster.
Aus Sehen wird Einsicht bei offenem Blick.

Doch wird man auch Unsinn begegnen beim Lesen.
Auch heiliges Buchwerk ist oft nicht gescheit.
Da hilft nicht Zensur und kein Index als Besen.
Nur gründliche Bildung macht einen gefeit.

Durch sie weicht Verzweiflung und bessern sich Fehler,
verwurzeln sich Herzen am richtigen Fleck.
Zumal Phantasie rettet über die Täler
des menschlichen Wahnsinns und Elends hinweg.

Sie fliegt über Mauern und Grenzen und Schranken.
Bei ihr geht die Seele erfolgreich zur Kur.
Was wäre der Mensch ohne freie Gedanken?
Was wäre die Welt ohne Literatur?

# I

# Jahreszeiten

## Karneval

Mit seinem eignen Leichenschal
hat sich der Winter zugedeckt.
Er merkt schon selbst, dass Karneval
an seinem dürren Aste sägt.

Und Narren tanzen auf den Straßen,
zertreten Gram zu altem Schnee,
auf dass bei Schellenlärm und Fratzen
dem Winter Hör'n und Seh'n vergeh'.

Denn bald wird Lenz den Kampf gewinnen,
wenn Blüten bunt aus Borken brechen.
Doch vorerst blüht es nur im Drinnen,
wo Bürger laut in Burgen zechen:

Da stelzen stolze Majestäten,
da schwellen Junker, schwelgen Maiden,
der Festsaal platzt aus allen Nähten,
die Luft darin ist schwül zum Schneiden.

Und Phantasie aus Holzschablonen,
aus Pappmachee und Gips, ganz groß,
lässt Beelzebub in Wolken wohnen:
Im Himmel ist die Hölle los!

Doch jede Nacht kennt einen Morgen.
Der Fasnacht wird 's nicht anders geh'n.
Schon kann man neue, alte Sorgen
als Asche auf den Straßen seh'n.

Konfetti, Kippen, Kater, Kram –
Was bleibt, schmeckt abgestanden schal.
Die Welt steht still. Die Uhr läuft an.
Zu Ende ist der Karneval.

## Ein Frühlingsnachmittag am See

Ein bisschen Schnee liegt noch im Schatten,
im kühlen Seewind, unterm Strauch,
derweil auf warmen Pflasterplatten
fidele Spatzen sonnenbaden
und wohlig plustern Brust und Bauch.

Ein Hund besucht aus starkem Streben
die drei Kastanien dort am Steg.
Noch einer kommt, sein Bein zu heben.
Das treibt den Saft! Schon regt sich Leben,
und erstes Grün glänzt überm Weg.

Die Tische an den Seeterrassen
sind frisch gedeckt. Ein Stand macht auf.
Nun laden wieder Kaffeetassen
zu einem Plausch an Uferstraßen,
und Kiosktrödel lädt zum Kauf.

Jetzt atmen, mit der Welt im Reinen!
Die Sonne hat schon wieder Kraft.
Und ein paar Burschen heben einen
auf jene Freiheit, die sie meinen,
und machen sich auf Wanderschaft.

Und Mädchen buhlen um Begleitung.
Man schwärmt. Allein sein ist tabu.
Man geht. Man steht in Vorbereitung.
Der Wind weht auch: Er trägt der Zeitung
die Weisheit von den Binsen zu.

Nur einer scheint genug zu wissen:
Ein Alter blinzelt auf der Bank.

Kann er das Heute noch genießen?
Sein Morgen liegt im Ungewissen:
zur Unzeit Zeit zum Erntedank.

Sein ‚Haben' wandelt sich zum ‚Hatten'.
Im Blühen liegt Verwelken auch,
und im Erstarken das Ermatten …
Ein bisschen Schnee liegt noch im Schatten,
im kühlen Seewind, unterm Strauch.


## Der Frühling , wie er leibt und lebt

Lächelnd zeigt der Löwe Zahn,
die Glöckchen maien munter.
Die Forsy ziehen gelb sich an,
die Wiesen werden bunter.

Der Farn im Wald gibt sich gefächert,
der Mandel baumt in rosa Pracht.
Der Märzen hat sich ausgebechert
und schläft den Rausch aus über Nacht.

Die Gänse blümchen um die Wetten,
die Schlüssel blümchen ebenfalls.
Wenn Tulpen Stulpenstiefel hätten,
dann gingen sie jetzt auf die Balz.

Begonien hat der Frühling just
und ist doch – eins zwei drei – vorbei.
Ein kleines Veilchen noch. Und Schluss …
Vergiss mein nicht! Bis nächsten Mai!

## Sommerschlacht

Ich hätt' es wissen können, schon beim Start:
zu schwül fürs Rad! Der Zirrostratus dämpfte
die Sonne, die, verschleiert, mühsam kämpfte:
kein gutes Omen für die Fahrradfahrt.

Ich fuhr. Inzwischen hat den Sonnenlauf
ein düstres Menetekel ganz verdeckt,
das unerbittlich naht, sich höher reckt:
Blauschwarze Wolkentürme trumpfen auf.

Vielleicht wird 's nicht so schlimm. Ich bleib' im Plan.
Wird 's nicht am Horizont schon wieder hell?
Wofür steht fahles Gelb? – Ich trete schnell
und kämpfe gegen erste Böen an.

Dann merke ich: zu spät. Ich muss nach Haus.
Irrlichter gehen, Wolken reißend, um.
Die Vögel, just noch jubelnd: plötzlich stumm.
Dafür wächst sich der Wind zum Tosen aus:

Die Bäume ächzen unter Äols Macht
und schütteln sich die Äste aus den Kronen.
Ins Krachen mischt sich Grollen von Kanonen:
die ersten Donner einer Sommerschlacht.

Schon schluckt ein Wolkenbruch den nahen Wald:
Der dichte graue Vorhang fegt heran
und stempelt nun erbarmungslos ein Pan-
therfell vor mir auf den Asphalt …

## Am Haslacher See

Wie aus dem Bilderbuch, der Sommertag:
Die Sonne stach mit tausend heißen Speeren
und ganzer Macht aus dunkelblauen Sphären,
in denen süß der Duft nach Grummet lag.

Am See, im kühlen Grase dösend, lauscht'
ich still dem Grillenzirpen und dem Summen
der Bienen – von der Hitze halb benommen
und von den Sommerdüften ganz berauscht.

Ein Grüppchen andrer Kinder aus dem Dorf,
die bei der Ernte wohl nicht helfen mussten,
hört' ich im Wasser toben, planschen, prusten –
im grellen Gegenlicht fürs Aug' amorph.

Ich blickte hoch und wandte mich. Im Gras
der Uferböschung sah ich einen Knaben
– mit etwa elf mocht' er mein Alter haben –,
der wie gebannt in einem Comic las.

In Rückenlage, gar nicht weit entfernt,
genoss er offenbar die warmen Strahlen,
indes sich in mein Herz Gefühle stahlen,
von denen ich im Schulbuch nie gelernt.

Auf seine Beine fiel zuerst mein Blick,
dann auf den braunen Arm von einem Berber,
leicht angewinkelt, eng am Oberkörper,
und locker übern Bauch gebeugt ein Stück.

Der Glanz der samt'nen Haut auf seiner Brust,
die schlanken Schenkel, fein geschwung'nen Waden,
die Knöchel – alles rührte mich  …  Zum Baden
hatt' ich mit einem Male nicht mehr Lust.

Wie in Hypnose hab' ich 's einvernahmt:
das Lächeln, flüchtig leicht, kaum zu erkennen,
das Augenpaar, nicht von dem Heft zu trennen,
von wirren blonden Locken keck umrahmt.

Dann auf den Bauch gedreht, gestrecktes Bein,
versank er wieder in den Bildgeschichten. –
Und ich verging ob dieser Rückansichten
vor Sehnsucht, selbst wie dieser Bub zu sein.

    Und dann, auf einmal, bin ich ihm ganz nah
    und liege, Haut an Haut, an seiner Seite.
    Und weit und breit gibt's keine andern Leute,
    und außer uns ist nirgends jemand da.

    Ich hab' den Arm um seinen Bauch gelegt,
    den Ellenbogen an dem Beckenknochen,
    und fühle, wie sein Herz mit wildem Pochen
    den Doppeltakt für unsern Zweiklang schlägt.

    Mit Lächeln dankt er mir die Zärtlichkeit,
    die er genießt. Und ich zieh' zarte Spuren
    auf seiner Haut, entdecke scheu Konturen
    und spür', erbebend, seine Männlichkeit.

Da schrak ich hoch. Ein Schauder, den ich nie vergaß.
Wo war ich nur? Die Sonne hing tief unten.
Die Kinder waren alle schon verschwunden.
Am Platz des Knaben:  nichts als plattes Gras.

Ich packte meine Sachen in den Sack.
Groß ging der Glutball auf den Wellen nieder.
Den schönen Knaben sah ich niemals wieder …
ein Traum – bis auf den heut'gen Tag.

## Oktobermorgen

Durch lockeren Wechsel von Fichten mit uralten Buchen und Linden,
vom Nachtfrost in Teilen schon herbstlich getönt,
die mit ihren Pfeilern ein hohes, sakrales Gewölbe begründen,
verfolg' ich den Weg, der sich vor meinen Füßen zum Waldende dehnt.


Die Strecke durchmessen, eröffnet der Dom eine helllichte Schneise,
von gleißendem Hochnebel weiß überspannt:
Ein hohes Portal zwischen mächtigen Säulen im Gottesgehäuse
des Waldes entlässt mich aus Andacht und lenkt meine Blicke aufs Land.


Die freie Senke im Dunst lässt im Fernen den Auwald erkennen,
der hinter sich schamhaft den Flusslauf versteckt.
Davor weite Wiesen und Felder, die Gräben in Raster zertrennen:
Sie dehnen sich, gähnen und blinzeln, von taufeuchter Kühle geweckt.


Ich trete ins Freie, vorüber an blutroten Ahornbäumen,
und folge dem Weg in die Senke hinab.
Ein Maisfeld zur Rechten, mannshoch und verdorrt,
                                                      scheint vom Gestern zu träumen:
Die aufrechte Truppe aus Uniformhülsen steht treu bis ins Grab.


Und links eine Wiese mit immer noch sattgrünem Schimmer im Grase,
von dem jeder Halm einen Tautropfen trägt;
und weiter:  ein Rübenberg, Auswurf der Erde;  daneben ein Hase,
den ich erst gewahre, als er, alarmiert, seine Löffel bewegt.

Und über mir kreuzen vereinzelte Krähen die Himmelsfläche
und krächzen sich kryptische Botschaften zu:
Ich lausche den heiseren Lauten, dem Kauderwelsch, das ich nicht spreche,
und lächle, dem Auwald mich nähernd, über ihr Wichtiggetu'.


Jetzt geht mein Blick vorwärts, wo über den nahenden Eschen und Birken
ein grellweißer Kreis durch den Hochnebel bricht.
Zur Linken von Pappeln gerahmt und zur Rechten von Eichen, wirken
die silbrigen Schwaden wie Milchglasfilter vor Scheinwerferlicht.


Am Rand des Gehölzes, geschützt von der breit sich verzweigenden Krone
der Ulme: ein Herbstzeitlosennest
als lila Akzent vor den Sträuchern und Büschen der feuchteren Zone,
vom stetigen Strome des nahen Gewässers gespeist und genässt.


Ein paar Schritte vor, und ich seh' durch die hängenden Zweige der Weide
und zwischen den Stämmen der Erlen den Fluss:
sein glitzerndes Band, ein im Gegenlicht funkelndes Silbergeschmeide,
als endlose Kette aus Perlen, gereiht ohne Anfang und Schluss.


Ich komme ans Ufer, betrete, geblendet, die Fußgängerbrücke,
die direkt zum anderen Flussufer führt.
Und gleichzeitig schneidet die Sonne den schütteren Nebel in Stücke,
eh' der die ihm eigene Kühle mit einem Schlage verliert.


Die andere Seite erreicht, steh' ich über dem kiesigen Rande
des ewigen Stromes und wende den Blick,
der Richtung des Sonnenscheins folgend, zum eben verlassenen Strande
und weiter hinauf, bis dorthin, woher ich gekommen, zurück.

Da bannt mich ein Schauspiel:  In leuchtender Strahlkraft
und sattesten Farben
entflammt ein Eklat aus Blutrot und Grün
und Goldgelb, durchwirkt mit olivgrünen Pfeilern und tiefbraunen
Narben,
und lässt bis zum Horizont Wasser und Landschaft und Himmel erglühn.


Im Spiegel der Strömung gekräuselt:  Azur und das Rotgold der Bäume.
Der Strom trägt die Bilder im Wellengang fort
und bringt sie zum Schutz vor den Zeiten, die kommen,
durch endlose Räume
in Sicherheit an einen fernen, geheimen, behütenden Ort.

## Besuch am Grab

Vom Herbstwind getrieben, versammeln sich Kreise
aus Blättern am Boden, die letzten im Jahr,
zum Reigen verblichener Wesen und Farben.
Das welkende Wandern auf raschelnder Reise,
dann aufgebäumt plötzlich zu wirbelnden Garben,
spielt immer noch Leben vor, das einmal war.

Dann legt sich der Wind. Und die Wolken, soeben
noch treibende Fetzen aus bleigrauem Tuche,
verschmelzen nun, zu einer Decke verdichtet,
im Zwielicht konturlos zu zeitlosem Schweben.
Die Kerze am Grabstein, kaum flackernd, belichtet
die Namen der Lieben jetzt, die ich besuche.

Des Daseins beraubt, seid ihr dennoch noch hier.
Ihr habt 's überstanden. Der Uhrzeiger ruht.
Kein kleinliches Feilschen, kein Machtspiel, kein Müssen.
Ihr braucht vom Verrat, von der Bosheit und Gier
der Menschen nun nichts mehr zu fürchten, zu wissen.
Nun seid ihr erhaben. Und alles ist gut.

Dann, wie aus dem Nichts, eine plötzliche Brise:
Die Kerze erlischt. Ein Blatt lehnt an ihr,
von Böen getragen von irgendwo her. –
Ich nehm' es und schreibe darauf meine Grüße
an eure Adresse im Nirgendwo-mehr
und Über-All: fern, und doch immer in mir.

## Dezember

Einmal im Jahr, wenn Millionen von Lichtern
das Dunkel durchbrechen, wird schütter die Nacht.
Die Stadt wird zum Ufo mit tausend Gesichtern,
das alle zu fiebrig Getriebenen macht.

Geschäftige Massen von quirlenden Mäusen
durchhasten die glühweinbenebelte Luft.
Die Straßen: geentert von Nikoläusen,
voll Weihnachtsgesang und Maroniduft.

Es piept an den Kassen. Die Kaufleute lachen.
Und Handwerker schmücken in flockendem Weiß,
um innen die Wärme noch wärmer zu machen,
die Schaufensterscheiben mit künstlichem Eis.

Dahinter quillt Sehnsucht aus Spielzeugtruhen,
wo Träume entspringen, befördert von Punsch.
Erinnerung taut wie der Schnee auf den Schuhen
und weckt wieder Wunder zu sehen den Wunsch.

Nostalgisch gestimmt und vom Schwärmen beflügelt
sähst du dich am liebsten auch selbst wieder klein,
in trauter Gemeinschaft und vielfach gespiegelt,
um einen Moment nur geborgen zu sein.

In Liebe wird jedes Geschenk sich verwandeln:
Der Wunschtraum beseelt dich, lässt dich nicht mehr los.
Die Sehnsucht bestimmt alles Fühlen und Handeln.
Hoch ist die Erwartung, die Fallhöhe groß.

Was kommen wird, harrt noch in schmucker Umhüllung.
Das Ufo ist schwanger. Die Tüten sind prall.
Zum Bersten gespannt drängt die Welt auf Erfüllung.
Die Niederkunft naht:  alle Jahre ein Mal.

# Weihnacht

Die Weihnacht naht mit Daunenschritten,
in Winterstiefel eingepackt.
Die Glöcklein von Sankt Niklas' Schlitten
verkündigen die Mär vom Frieden,
der alle Jahre wieder winkt: Er wird erneut vertagt.

Am Christbaummarkt, im toten Wald,
huscht er verloren durchs Geäst
und flattert, fröstelnd bang und kalt,
herum. Doch glaubt es, Christen, bald
begehen alle guten Menschen fromm das Weihnachtsfest.

Jetzt, endlich, ist der Markt geschlossen.
Vom Münsterturm die Bläser blasen.
Schon wieder ist ein Jahr verflossen.
Und wieder haben unverdrossen
konsumverwöhnte Menschenmassen Kassen klingeln lassen.

Die Liebe winkt von allen Zinnen,
und Rauch winkt auch aus dem Kamin.
Und warm ist 's in den Häusern drinnen,
wo Pralinés im Mund zerrinnen.
Die Liebe geht durch Magen, Darm und dann irgendwo hin.

Ein Weihnachtsbaum steht, klein und alt,
ganz oben auf den Päckchen drauf.
Die müde Tannenbaumgestalt
trägt Tand und Flitter, buntbemalt,
und Glühbirnkerzen blitzen grell im Takt der Lieder auf. –

Weit draußen, fern von Hast und Drang,
setzt sich der Reif sanft aufs Geäst.
Und hörbar kaum, wie Sphärenklang,
dringt von den Sternen her Gesang,
der klar wie Glas und Eiskristall das Christkind ahnen lässt.

Ist es der Friede, der im Tann
nun Ruhe fand auf einem Ast?
Das Dunkel nimmt ein Funkeln an ...
Und sehen kann, wer sehen kann,
was jene grelle laute Welt gerade dann verpasst.

Die Weihnacht ruht auf Daunenkissen.
Man hat sich satt- und müdgezecht.
Ein Bäumchen hat ins Gras gebissen.

– Und dennoch würd' ich gerne wissen,
weshalb ich nur, trotz allem, dieses Fest nicht missen möcht'...

## Feuerprobe

Im Dunkel des Hinterhofs knallen schon Kracher.
Ein Bub probt Neujahr zwischen Tonnen und Tor,
wo scheppernd das Echo verebbt. Und ein schwacher
Kanonendunst steigt an der Hauswand empor.

Und während der Atem des Jungen in Schwaden
die schmuddlige Mütze umschwebt und entschwindet,
greift heimlich ein Fäustling aus magerem Faden
zum Streichholz. Die Lunte, behutsam entzündet,

verzehrt sich im Nu, und auf sprühendem Schweife
faucht jetzt die Rakete in tiefschwarze Sphären,
beschreibt eine hohe, gebogene Schleife
und birst nun, mit Blitzen das Dunkel verzehrend,

am Gipfel des Bogens in leuchtenden Garben
zum Strauß bunter Sterne, zum glühenden Ball,
zum Regen aus Funken, in gleißenden Farben,
begleitet von ohrenbetäubendem Knall.

Nur kurze Sekunden währt dieses Geschehen,
bis kalter Dezemberwind alles verweht –
ein Probeschuss, wie um die Uhr vorzudrehen:
Geschossen wird besser zu früh als zu spät.

An Neujahr wird 's ernst. Und das Schießen währt Stunden,
mit Böllern und Knallern, als ging 's um die Ehre.
Zum Schrecken von Rehen und Katzen und Hunden
begeht der Planet seine Jahrespremiere.

## Winter am Fluss

Die goldene Wärme von unlängst noch strahlenden Tagen
berührt mich, nur mühsam erinnert, nicht mehr.
Der Puls der Natur: kaum noch fühlbar im Winterkorsett,
von Eisstarre jetzt wie gelähmt und behindert im Schlagen.
Kaum wahrnehmbar: raunendes Rieseln im blutleeren Bett ...
Restleben. – Der einst stolze Fluss hat es schwer.

Ich stehe am jüngst noch von Farben verzauberten Orte:
Jetzt zeigt graues Zwielicht, von Schleiern bedeckt,
schwarz-weiß reduzierte Kontraste, anämisch und bleicher.
Das Ufer ist brüchiger Rand, wie geklöppelte Borte;
Gerinnsel aus Eis und Gestein trennt die seitlichen Sträucher
vom Rinnsal der Mitte, weiß-silbrig gefleckt.

Die Bäume und Stauden steh'n stramm als erstarrte Kohorte,
mit Raureif gepanzert und lanzenbesteckt.
Darunter liegt schütterer Schnee, geädert von Gräsern,
von Halmen, von Astwerk und Reisig, das krallend verdorrte;
davor die geronnene Zeit, teils milchig, teils gläsern,
am Rande von wäss'rigen Zungen beleckt.


Und mitten im Flussbett:  die Pfeiler der Fußgängerbrücke.
Ihr Schuh ist mit weißer Gamasche verziert,
umstanden von Mützen aus Eisbärenfell auf den Kieseln. –
Darüber der Steg, schneebedeckt, mit der Spur, der die Blicke
jetzt folgen, hinüber ein Stück, bis der Blick sich im Nieseln
der Bänke aus massigen Nebeln verliert.


Das andre Bankett bleibt dem Auge verborgen. Die Schwaden
bewahren den Frost und benehmen die Sicht.
Nur oben, als hellgraue Schatten:  die obersten Spitzen
des Auwalds, die schwebend erscheinen, im Winterdunst baden,
als Fata Morgana verschwinden in nebligen Ritzen,
verschluckt von der unteren, dichteren Schicht.


Der Kreis ist verengt und vereist, und zäh sind die Zeiten,
die frostiger Griff in Umklammerung hält.
Und stumm, bis auf kaum zu vernehmendes murmelndes Fließen,
verharrt die gehemmte Natur in gedrosselten Weiten.
Sie scheint ihre Kräfte zu bündeln zu künftigem Sprießen
hervor aus Kristall gewordener Welt.

# II

# Reifung

## Ein neues Leben

Unglaublich, wie die Zeit verrinnt!
Grad' eben noch vergoss ich Tränen
um ein zerrissnes Kasperl-Kleid,
und bin nun selber schon so weit
und zähle mich erstaunt zu denen,
die sich nach jenen Tränen sehnen
und eigner Kinder Eltern sind.

Ein erster Schrei lässt Wände beben,
ein Mäulchen will gefüttert sein,
ein kleines Menschenherz geborgen.
Und grade das macht mir jetzt Sorgen:
Bin ich nicht selber viel zu klein,
um ihm ein fester Halt zu sein
bei seinem ersten Schritt ins Leben?

Zum Glück bin ich nicht ganz und gar
allein. Und doch ist es nicht leicht:
Im Kümmern macht sich Kummer breit.
So näh' ich rasch ein Kasperl-Kleid,
das meine Sorgen jetzt verscheucht.
Denn was mich tröstet, ist: Es gleicht
dem meinen, wie es damals war.

Und doch: Der Zeiger hält nie an
und zeigt, für immer neue Dramen,
auf ein stets anderes Gesicht.
Der Rahmen ruht, der Zeiger nicht –
und zeigt jetzt stolz auf deinen Namen:
ein schönes Bild in altem Rahmen!
Mach 's gut, mein kleiner Strampelmann!

## Nie mehr so groß …

Da liegst du klein in deinem Strampelkissen,
frisch angekommen auf der Welt,
und kannst noch nichts von all den Fallen wissen,
die sie dir bald – wie jedem – stellt.

Du weißt noch nichts von Pflicht, vom Machen-Müssen.
Nur wenn du musst, machst du ins Hemd.
Und was du willst, weißt du auch ohne Wissen:
Berechnung ist dir jetzt noch fremd.

Du forderst einfach deinen Platz im Leben
lautstark und selbstverständlich ein,
mit sicherem Instinkt, was dir grad eben
noch fehlt zum Wunschlos-glücklich-Sein.

Du tust dich kund, wenn dich Gefühle quälen.
Dein Machtwort wirkt sofort und schwer.
Und mag es dir auch noch an Größe fehlen:
So groß wie jetzt bist du nie mehr.

Noch bringt dein Wollen kein Befehl ins Wanken.
Noch gibt 's kein Zweifeln und Bereu'n.
Noch kommst du nicht im Traum auf den Gedanken,
ein andrer als du selbst zu sein.

Doch leider ist dies alles nicht von Dauer
– zum Glück kannst du's noch nicht kapiern:
Beschneider liegen ringsum auf der Lauer
und werden keine Zeit verliern:

Denn bald wird eifrig an dir rumgeschnippelt …
Auch wenn man dir die Vorhaut lässt,
wirst du, hat man dich erst mal abgenippelt,
gelenkt, verbogen und erpresst.

Je mehr von deinem Rückgrat schwindet, sollen
die Krücken, die man dir nun reicht,
dich lenken, wo sie dich hinhaben wollen,
damit dein Ich dem ihren gleicht.

Man sucht dich möglichst früh vorzubereiten
auf eine Welt, die halt so sei,
dass nur Erfolg hat, wer sich krümmt beizeiten,
von Eigensinn und Macken frei.

Zu Konventionen will man dich bekehren,
was mit Gehorsam klein beginnt
und dich verraten soll an Glaubenslehren,
die nicht zu hinterfragen sind.

Von allen Seiten wird man dich umwerben,
verspricht Erfolg und schönen Schein
solang, bis alle Widerstände sterben
aus Furcht, sonst ausgegrenzt zu sein.

An Raterteilern wird es niemals fehlen,
und jeder zieht an dir herum.
Verstaubte Märchen wird man dir erzählen,
sind sie zum Teil auch roh und dumm.

Und Schauermärchen sollen Angst erzeugen
vor Freiheit und dem schwarzen Mann.
Entdeckerlust soll sich den Ängsten beugen.
Aus Angst wird man zum Untertan.

Du liegst indes im warmen Bettchen drinnen,
so klein – doch noch nicht klein gemacht.
Ich steh' dir bei: Du sollst den Kampf gewinnen.
Auch gegen eine Übermacht.

Seh' ich dich dort in deiner Feste liegen
als kräftestrotzende Gestalt,
lässt dieses Bild mich glauben:  Du wirst siegen.
Denn deine Fäustchen sind geballt.

Ich bin mir sicher:  Du hältst stand, solang
du deiner selbst so sicher bist.
Bleib stark, mein Kleiner! Dann ist mir nicht bang
um das, was vielleicht morgen ist.

## Kindheit ade

Kindheit ade! Bist du bereit?
So mach dich fertig für
den Eintritt in die Jugendzeit!
Heut' öffnet dir die Jugend weit
zum Leben Tor und Tür.

Es ist nun vierzehn Jahre her,
da kamst du auf die Welt.
An deren Sturheit trägt man schwer,
selbst wenn man vierzig ist. Daher
sei jung, wie 's dir gefällt!

Hab Phantasie! Noch bist du frei
und trotzdem nicht mehr klein.
Spring in dein Leben ohne Scheu
und trau dir zu, dir selber treu
zu werden, *du* zu sein!

Und wird auch mancher Traum nicht wahr
und bricht, was er verspricht:
Nimm 's locker! Und vielleicht sogar
war 's nur ein Wahn, der sinnlos war
und dann, zum Glück, zerbricht.

Nur eines magst du stets bedenken:
Gib dich nicht einfach preis!
Lass dich an keinen Klan verschenken!
Vertrau nicht blind, wenn andre lenken!
Glaub keinem Scheinbeweis!

Will jemand dir Privatheit klau'n,
halt sie vor ihm zurück!
Du musst auf deine Freiheit schau'n!
Nur dann kannst du dir selbst vertrau'n.
Na los, nun spring! Viel Glück!

## Die Glut in dir

Im Frühling, wenn das Jahr erblüht
und kess die Knospen schält,
wenn Lust durch laue Lüfte zieht
und warm die Welt beseelt,

wenn sanft ein milder Sonnenstrahl
schon bis zuinnerst dringt
und Totgeglaubtes noch einmal
zu neuem Leben bringt,

dann geh hinaus, spiel mit dem Wind,
wie junges Laub am Ast. –
Du bist so stark wie Bäume sind,
weil du die Jugend hast.

Vielleicht mag 's einmal anders sein;
denn älter wird das Jahr.
Und über Nacht kehrt Kühle ein,
wo einst die Sonne war.

Wenn dann die Wolken drohend schau'n,
und Reif die Flur befällt,
wird gelb der weite Wald und braun,
und gram und grau die Welt.

Dann fröstelt auch  –  wie jenes Blatt,
das taumelnd niederschwebt  –
so mancher, der kein Feuer hat,
in dessen Schein er lebt.

Doch tief in dir spür du die Glut,
die still und stetig glimmt!
Behüte sie, damit dein Mut
niemals ein Ende nimmt!

## Zum Vierzigsten

Zehn mal vier ist vierzig.
Und wieder einmal jährt sich,
was man als Kind ersehnt.

Zehn mal vier ist vierzig.
Und wieder mal summiert sich,
was uns vom Kind entfernt.

Ist jetzt nicht Zeit sich zu besinnen
der Zeit, die einst so selbstverständlich?
Sie eilt, dass uns die Sinne schwinden,
und scheint darob so sinnlos endlich.

Zur Halbzeit gilt 's zu bilanzier'n,
um mit Erfahrung gut zu fahren.
Aus Jahren heißt es Schlüsse ziehn,
doch ohne auf den Schluss zu starren.

Zur Halbzeit neuen Mut zu fassen
heißt es für den, der sich besinnt.
Die Zeit ist nicht zum Zeitverprassen,
weil Jahre Mangelware sind.

Zehn mal vier ist vierzig.
Der Jahre Spur verliert sich
in der Vergangenheit.

*Sie* gilt 's nicht zu verlieren,
ins Morgen fortzuführen,
ans Ziel der Endlichkeit.

## Zum Fünfzigsten

Die Fünfzig: Was für eine Zahl!
Mit ihr kippt gar das Säkulum!
Bedeutungsvoll. Hat man die Wahl?
Als Hausgeist geht mit einem Mal
die Torschlusspanik um:

Das Altern, bildet man sich ein,
wird frech und macht den Körper müder.
Mag es auch noch so spannend sein,
nickt man schon mal zur Unzeit ein,
klagt über matte Glieder.

Vertraut man noch dem eignen Hirn?
Es droht zu welken in Schablonen.
Begrenztheit meint man zu verspürn,
hat Angst, den Anschluss zu verliern –
und will sich doch nur schonen.

Die Unumkehrbarkeit bedrückt.
Nicht wahrgenomm'ne Chancen quälen.
Das Leben scheint nicht so geglückt,
wie man 's erhofft. Man steht gebückt
… zum Scherben Zählen.

Mit fünfzig Jahren kommt die Krise.
Denn *fifty/fifty* macht sich wett.
Es spielte, wenn man Adam Riese
und nur das Los entscheiden ließe,
mit uns Russisch Roulett.

Zum Glück herrscht nicht Mathematik!
Die *midlife*-Krise weicht und schwindet,
begreift man Dasein als Musik.
Nicht Zahlen werten das Geschick:
Es zählt der Ton! ( … so man ihn findet … )

## Zum Sechzigsten

Die Sechzig trennt uns weit vom Knaben
mit ihrer runden Nummer.
Und viel, was früh're Jahre gaben,
das können wir nun nicht mehr haben:
Die Endlichkeit macht Kummer.

So gilt es auf der Hut zu sein:
In welcher Form auch immer
schleicht sich ein neues Zipperlein
mit jedem neuen Morgen ein
und wird statt besser schlimmer.

Das vom Geschick geschriebne Stück
steht fest bis Seite sechzig.
Das Büchlein ist schon ziemlich dick.
Das Bäuchlein auch. Und jeder Blick
an sich hinunter rächt sich.

Doch lass den Kopf nicht mutlos hängen!
Denn Altern macht uns weise.
Du weißt: Will sich der Weg verengen,
bringt Hektik nichts, und nützt kein Drängen.
Das Ziel bleibt stets die Reise.

Das Ziel ist nur der Augenblick.
Und jeder neue Tag.
Gelebt wird täglich – und am Stück.
Und keine Zeit kehrt je zurück.
So nimm, was kommen mag!

## Die Zeit

Einst galt der Tag als Maß der Zeit:
*Ach nein, wie süß! Und schon so groß!*
Ein Weilchen nur auf Mutters Schoß
war eine halbe Ewigkeit.

Bald sollten es die Wochen sein.
Dann wurde rasch das Jahr das Maß.
Und kaum, dass man ein Rad besaß,
ersehnte man den Führerschein.

Zuerst ging nichts geschwind genug:
zu lahm das Kinderkarussell!
Doch dann ging alles rasend schnell,
und Jahr um Jahr entschwand im Flug.

Und heute denkt man im Jahrzehnt.
Sehr fadenscheinig ist die Zeit.
Kein Flicken heilt die Schäbigkeit,
wenn Altern morsche Fäden trennt.

Der Maßstab wuchs im Lauf der Zeit.
Doch von der Zeit selbst blieb nicht viel.
Und früher als er denkt und will,
wird jeder selbst Vergangenheit.

## Reife

In vorerst unbedrohten Räumen
geschieht das Wunder des Gedeih'ns.
Am Anfang lässt sich alles träumen:
Die Phantasie will nichts versäumen.
Und bunt erscheint der Sinn des Seins.

Die Hoffnung macht dem Fortschritt Beine.
In Schritten folgt die Reifenszeit.
Doch reift nicht alles von alleine:
Auf Lebenswegen voller Steine
ist niemand gern zu gehn bereit.

Wir stolpern. Ziehen wir die Lehren?
Der Lebensweg gerät zur Fron.
Denn Reifen heißt:  Erkenntnis mehren
und Missverständnisse zu klären
und auch Verlust von Illusion.

Erst mit der Zeit verrät das Leben,
wie sich die Wirklichkeit verhält.
Des Öftern wird sich heißes Streben
als eitel zu erkennen geben:
In manche Irre geht die Welt.

Doch wahre Reife darf nicht zagen,
weil sonst Verbitterung gewinnt.
Und auch wenn mancher Traum zerrinnt,
verharrt die Reife nicht im Klagen:
Ein neuer Traum wird Blüten tragen,
wenn einst, nach unsern reifen Tagen,
der Zyklus wieder neu beginnt.

## Auf dem rechten Weg

Oft fällt es mir nicht leicht zu gehen:
Wo ist mein Weg? Wo führt er hin?
Oft blieb' ich lieber einfach stehen.
Am Ende ist kein Ziel zu sehen ...
Ob auf dem rechten Weg ich bin?


Ein ganzes Labyrinth von Wegen
verwirrt mein Auge, bis es tränt.
Auf Pfaden, rutschig glatt vom Regen,
kommt mir das Gehen ungelegen,
wenn überall ein Abgrund gähnt.


Mitunter kreuz' ich Wanderpfade,
die ausgetreten sind und breit,
manchmal geteert und schnurgerade!
Sie nicht zu gehen wäre schade,
versprechen sie doch Sicherheit.


Sie sind bewährt. Sie sind die guten –
und sind mir doch im Grund suspekt.
Die Mehrheit schwört auf diese Routen.
Doch mir sind sie kaum zuzumuten ...
Was ist 's, das meinen Argwohn weckt?


Weshalb nur sträuben sich die Beine?
Die Mehrheit hat doch immer Recht?!
Denn wer sich ausnimmt, bleibt alleine.
Und bessre Wege gibt es keine:
Gemeinschaft wird dem Sein gerecht.

Und dennoch folge ich – befangen
und instinktiv – dem schmalsten Pfad:
ein Stolperkurs, gespurt von Schlangen,
den kaum ein Mensch vor mir begangen,
geschweige denn erkundet hat.

Manchmal sogar will mir es scheinen,
als könnte kein Weg meiner sein.
Dann bahne ich mir querfeld einen
und folge nur mehr meinen Beinen
durch Dornen über Stock und Stein.

Den Beinen folgen, nicht den Winden
und nicht den Fahnen, die sich drehn …
Um meinen eignen Weg zu finden,
will ich an keinen Tross mich binden
und gegen alle Winde gehn!

An einen Führer mich verschwenden,
an Herdenzwang und Landser-Drill,
wär' mir verhasst. Und in Verbänden
als Lemming zwischen Klippen enden
ist nicht, was ich vom Leben will.

So fällt es mir nicht leicht zu gehen.
Wo ist mein Weg? Wo führt er hin?
Oft blieb' ich lieber einfach stehen.
Am Ende ist kein Ziel zu sehen …
Ob auf dem rechten Weg ich bin?

## Wellen

Die Welt ist voller Phänomene.
Man nimmt sie mittels Wellen wahr
als Wärme, Farben, Bilder, Töne ...
Auch andres wird so vorstellbar:

Zum Beispiel sehn sich die Gezeiten
des Schicksals ähnlich wellig an  –
zwar mit Unregelmäßigkeiten,
doch stets im Kurs der Achterbahn.

Das Auf und Ab sind Zwillingsbrüder:
Die gibt es nur im Doppelpack.
Denn Auf erklärt sich aus dem Nieder,
das Links aus Rechts, aus Nacht der Tag.

Nicht gute ohne schlechte Tage,
und ohne Mühen keine Rast.
Den Jubel gibt 's nicht ohne Klage,
und wo geliebt wird, wird gehasst.

Und nur der Hässlichkeiten wegen
bezaubern Schönheiten den Blick.
Beim Schicksal auch. Es fließt in Bögen:
Dem Glück folgt Unglück, dem das Glück.

Und bist du einmal auf der Spitze,
bewahre dich vor Übermut!
Denn morgen kriegst du 's auf die Mütze
und aberkannt den Doktorhut.

Doch findest du dich tief im Tal
und kommst vom Regen in die Trauf':
Verzage nicht! Mit einem Mal
gehn neue Perspektiven auf!

Am Ende aber bleibt zu fragen,
was nach dem letzten Abstieg ist …
Gibt 's ein Hinauf zu neuen Tagen?
Gibt 's eine Türe, die sich schließt?

Doch diese Fragen führn im Kreise …
Das einzig Wichtige ist nur,
dass jede Welle weiterreise
als Teil der göttlichen Natur.

## Loslassen

An allem, ob wir 's hassen oder schätzen,
an allem nagt der Zahn der Zeit.
Wie jedes Ding gehorcht auch jedes Wesen
dem Zeitenfluss und den Naturgesetzen
und fügt sich der Vergänglichkeit.


Wie Gletscher harten Fels zu Kieseln wetzen,
und wie im Herbst das Laubwerk fällt,
wird Seiendes verformt zu andrem Wesen,
und wird das Werden Seiendes ersetzen,
zum Wohl des Ganzen und der Welt.


Denn nur, weil sich im Frühjahr Knospen regen,
schmückt Blütenpracht bald Feld und Flur.
Die Früchte gibt es nur der Blüten wegen.
Und erst wenn jene, faul, zur Ruh' sich legen,
schließt sich der Kreislauf der Natur.


Doch uns scheint jede Änderung zu grämen:
Gewöhnung macht uns lasch und träg.
Statt neues Glück zu wagen und zu zähmen
verharrt man aus Gewohnheit im Bequemen,
verbaut sich manchen neuen Weg.


Erst wenn das eigne Dach, vom Blitz getroffen,
in Flammen aufgeht und zerfällt,
erst wenn nichts anderes mehr bleibt als hoffen,
ist man – vielleicht – für Neues wieder offen,
weil dann nur mehr die Zukunft zählt.

Der erste Wechsel zwischen Daseinsarten
wird hart durch die Geburt markiert:
ein schwerer Start, den wir uns lieber sparten
bei all den Härten, die uns dort erwarten,
wohin uns unser Schicksal führt.

Und bricht dann über unser trautes Leben
ein schlimmer Unglücksfall herein,
lässt mancher Schaden sich vielleicht beheben.
Doch der Verlust von Menschen, die wir lieben,
lässt uns nicht mehr die selben sein.

Und ich? Wenn einst die Kräfte mich verlassen,
und eine kalte Hand mich bricht,
vermag ich dann auch, mir ein Herz zu fassen
und ohne Klagen einfach loszulassen,
bereit zum Abschied, zum Verzicht?

Sich über die Natur nicht zu erheben,
bewusst der Unumgänglichkeit,
und bloß Geborgtes gern zurückzugeben  –
nur das erlaubt den Frieden zu erleben
mit sich, der Welt und mit der Zeit.

Und wie es gut ist, dass etwas gewesen,
so ist es gut, dass es vorbei.
Vom Zauber jeder Zeit gilt 's sich zu lösen.
Denn alles Sein räumt erst durch sein Verwesen
dem neuen Werden Wege frei.

# III

# Erinnerungen

## Frühe Erinnerungen

Je mehr die Jahre uns entgleiten
und Zukunft bröckelt Stück um Stück,
zieh'n uns verstärkt die alten Zeiten
mit ihren Urbefindlichkeiten
in die Vergangenheit zurück.

Dann stellen sich Erinnerungen
an Stimmungen, verklärt und rein,
an Streiche, dumm oder gelungen,
an Stimmen, die schon längst verklungen,
in unserem Bewusstsein ein.

Dann tauchen wieder alte Bilder
vor unserm inner'n Auge auf:
Da war'n die Abenteuer wilder,
die Abende im Frühjahr milder,
und winters gab es Schnee zuhauf.

Da seh' ich uns aufs Klingeln warten,
das uns ins Weihnachtszimmer lud,
bevor wir uns ums Bäumchen scharten,
ganz überwältigt von dem zarten
und warmen Glanz der Lichterflut.

Und hatte dann nach Rodeltagen
der Schlitten uns durch tiefen Schnee
und dunklen Wald nach Haus getragen,
gab 's trockne Strümpfe. Und der Magen
bekam zur Labung heißen Tee.

War Schule, ging es auf der Schiene
zum Schulort mit der Eisenbahn.
Die diente uns oft auch als Bühne
für böses Spiel mit guter Miene:
kein Tag, der nicht vergnügt begann!

Die Münze auf der Schiene fanden
wir nur, und zwar ganz platt gedrückt,
wenn wir ganz vorn am Zuge standen. –
Und Fahrtwind hat Papiergirlanden,
von Kloroll'n abgespult, zerpflückt.

Beim Stichwort Ferien geht mein Denken
zu Onkel Philipp auf das Land.
Bar überflüssiger Bedenken
ließ er uns manchmal Traktor lenken,
weil er vom Kind-Sein viel verstand.

Wir haben auch die Ostertage
dort oft und gerne zugebracht.
Dann lud der Tanten-Osterhase
zum Eier Suchen: Jagdekstase
frühmorgens, nach der Osternacht.

Im Stubeneck, zur Abendstunde,
genossen wir das Mühlespiel.
In warmem Licht und trauter Runde
wurd's uns, mit Kater Fritz im Bunde,
auch noch nach Stunden nicht zu viel.

Die offnen Kälbernährmehlsäcke
hab' ich nur zufällig entdeckt:
Sie standen in der Tennenecke.
Das Mehl hat, fast wie Wasa-Knäcke,
mir immer wieder gut geschmeckt.

Zwei Kästen *Ankers* Steinbauklötze,
ein Konstrukteureparadies,
und Briefmarken, komplette Sätze ...
Der Bauernhof barg viele Schätze,
die es reihum zu heben hieß.

Daheim besaß ich *Lego*steine:
Lustvoll gebannt, oft stundenlang,
stellt' ich mit ihnen ganz alleine
durchdachtes Bauwerk auf die Beine.
Sie hielten meine Phantasie in Gang.

Vor allem liebt' ich für mein Leben
Flugzeugmodelle von *Revell*.
Bereits beim Einzelteile-Kleben
begann – im Geist – ich abzuheben,
ob mit, ob ohne Fahrgestell.

Wenn heiße Sommertage glühten,
ging 's immer mit Begeisterung
zum See hinaus, wo wir uns kühlten
und, tauchend, uns wie Springer fühlten,
im freien Fall, beim Fallschirmsprung.

Und später dann, mit sechzehn Jahren,
wenn Freiheitsdrang sich Breschen bricht,
beseelte mich das Moped Fahren.
Der Fahrtwind zerrte an den Haaren:
Die Helmpflicht gab es da noch nicht.

Doch denk' ich auch an manche Dramen,
die ich – noch klein – durchlitten hab'.
Für sie hatt' ich noch keine Namen.
Sie spielten nachts, wenn Ängste kamen,
weil mich die Dunkelheit umgab:

Das Säuseln, dann, in meinen Ohren
– ein Windgeräusch im Ofenrohr –
war'n Zwerge, die sich unverfroren
just alle gegen mich verschworen,
dass mir im Herz das Blut gefror.

51

Von Stimmen aus dem Elternzimmer
hat mich erst spät der Schlaf erlöst.
Die Eltern stritten, wie fast immer:
Das böse Zischeln und Gewimmer
hat mir Verzweiflung eingeflößt.

Ging unserm Lehrer was daneben,
war regelmäßig Prügelzeit.
Der Schuldige war vorgegeben:
Ich war 's zwar nicht, doch schmerzte eben
auch mich die Ungerechtigkeit.

So ist nicht jedes Souvenir,
das sich mir ins Bewusstsein rückt,
im Lebensalbum eine Zier,
ein schönes Bild auf Glanzpapier,
auf das man wohlgefällig blickt.

Und doch: Ein jedes Bild in mir
hat mein Verständnis mitgeprägt
für meinen Weg ins Jetzt und Hier,
für jede Schranke, jede Tür,
und dafür, was mich weiterträgt.

Droh'n uns die Jahre zu entgleiten
ins Nichts auf abschüssigem Gleis,
vermögen nur Vergangenheiten
das Leben wieder auszuweiten.
Der Bogen zu den alten Zeiten
behütet uns und schließt den Kreis.

## Kindheitstraum

Berufswahl: eine Wahl aus hundert Sparten.
Am Ende bleiben zwei, die man beschaut.
Ich wählte einst den Job der tausend Schwarten.
Die andre Wahl hab' ich als Traum bewahrt. Denn
mein Traumberuf war immer Astronaut.

War es, weil ich den Sputnik piepsen hörte
                    als Junge? Hat mich dieser Ton geprägt?
Schon früh wird für Begeisterung die Fährte
                    oft ungeplant und unbemerkt gelegt.

Doch spätestens seit Menschen allwärts gleiten,
                    war ich berauscht von Faszination:
Der Mensch saß nicht mehr fest in Niedrigkeiten.
                    Entfesselt hob er ab und flog davon!

Ich kannte bald alle Raketenarten,
                    verfolgte jeden Start im Fernseh'n mit,
begleitete im Geist die Astronauten
                    gebannt und stolz auf ihrem kühnen Ritt.

Sie konnten sich zunächst nicht recht entfalten.
                    Erst mit *Apollo* kam ins Schiff mehr Raum.
Darin als Erster Kommandant zu walten,
                    vom Raumanzug geschützt: ein Knabentraum!

So stellte ich mir einen Platz zum Leben
                    in lebensfeindlicher Umgebung vor:
Die Solidarität wär' *das* Bestreben,
                    denn jedem droht' dasselbe Risiko.

Für alle wär' Verlässlichkeit Maxime,
                           für alle wär' der seidne Faden dünn.
Dabei gäb' die Begrenztheit der Systeme
                       dem Regelwerk Verständlichkeit und Sinn.


Vor allem lebt' man, aller Last enthoben,
                       ganz unbeschwert, dank Schwerelosigkeit
und dank der Sorge Tausender am Boden
                       fürs eigne Wohl und höchste Sicherheit.


      Nun bin ich doch kein Astronaut geworden.
      Mag sein: Ich hatte nicht den Mut dazu.
      Mir öffnete ein andres All die Pforten:
      ein Universum, stark gebaut aus Worten.
      Und die Gedanken sind jetzt meine Crew.


      Ein Traum kann kaum ein Leben überdauern.
      Die Wirklichkeit hat dafür keine Zeit.
      Lässt mich die Schwerkraft auch am Boden kauern:
      Mein neues Universum ohne Mauern,
      das All des Geists, verheißt Unendlichkeit.

## Dummes Kind

War es mein Naturell? Hat man mich so erzogen?
Mein Lebensmut war früh von Hemmungen besetzt.
Hab' ich schon mit dem Fläschchen Ängste eingesogen?
Gewiss: Als bravem Kind war man mir stets gewogen,
und durch mein Bravsein fühlte ich mich wertgeschätzt.

Von Mutters Paranoia war ich früh durchdrungen,
und nur wir beide sicherten einander Halt.
*Durch Intriganten sei ihr Leben nicht gelungen.*
So hielt auch ich mich fern von fremden Gassenjungen
und gab stattdessen Mutters Lebenssinn Gestalt.

Ich war ein Stubenhocker – wie ich es auch drehe.
Doch sonntags wurde die Familie ausgeführt:
Es galt als Zeichen trauten Glücks und heiler Ehe,
sah man das Elternpaar spaziern in enger Nähe
und von den Söhnen beiderseits adrett garniert.

Gerade Vater, sehr auf Perfektion versessen
sowie auf Form und Ordnung, Vorschrift und Respekt,
fand jeden Widerspruch und Eigensinn vermessen.
So schwieg ich, hielt mich still und gab mir keine Blößen.
Denn lieber tat ich etwas nicht als nicht perfekt.

Sogar die Einsen, die ich aus der Schule brachte,
bescherten dem gefühlten Selbstwert kaum ein Plus.
*Der Anspruch ist kaum haltbar ...* Das war, was ich dachte.
*Und was, wenn ich's beim nächsten Male schlechter machte?*
Die vorgestellte Schmach gebar erst recht Verdruss.

Nur Kumpeln gegenüber wirkten sie als Stütze.
Doch weitaus mehr gewann ich dort als Klassenclown:

Im sonst so gnadenlosen Kumpelkreis sind Witze,
wenn auch aus Not geboren, für das Anseh'n nütze.
Und doch: Es war nur vorgespieltes Selbstvertrau'n.

Und statt mir eine frohe Botschaft zu verkünden,
gab auch die Kirche Demut mir, ja Selbsthass, ein.
Auch ihr gelang es, in mir Zweifel zu begründen.
Und eifrig beichtete ich nicht vorhandne Sünden
aus Angst, dem Lieben Gott nicht lieb genug zu sein.

*Die Lust des Körpers sei ein teuflisches Verlangen.*
Ich war mit sechzehn Jahren noch nicht aufgeklärt.
Obschon verliebt, wusst' ich damit nichts anzufangen.
Und selbst in einem Paradies mit tausend Schlangen
hätt' ich mit keiner Eva körperlich verkehrt.

Und obendrein war ich gutgläubig zum Erschrecken:
*Wer Recht hat, der bekäm' im Rechtsstaat auch sein Recht  –
Armee und Polizei wär'n voller edler Recken  –*
und: *Gut und Böse kämen aus verschiednen Ecken ...*
Nicht mal den Krieg in Vietnam hielt ich für schlecht.

So tat ich immer artig, was man von mir wollte.
Und wurde nichts verlangt, so malte ich mir aus,
was andre wollen könnten, dass ich 's machen sollte,
und tat es dann devot, damit mir niemand grollte.
Denn mein Gehorsam eilte allem weit voraus.

In einem unsichtbaren Ignoranzgemäuer
vergeudete ich meine Zeit als Witzfigur.
Kein Hauch von Huckleberry Finn und von Tom Sawyer,
von Forscherdrang, Entdeckerlust und Abenteuer ...
Ich war naiv und dumm bis fast zum Abitur.

Und dennoch will ich niemand andern dafür schelten.
Zumindest meine Eltern nicht. Sie selber sind
doch Opfer ihrer Zeit und ihrer Geisteswelten.
Und könnt' ich ihnen heute noch etwas vergelten,
dann dies: Sie waren immer da, für mich als Kind.

Was ich aus alldem lerne, ist, dass ich versuche,
dem ersten Anschein nie zu trau'n. Er ist nicht wahr.
Nicht jedes Muttersöhnchen ist per se Eunuche.
Denn gehen Wohlverhaltensmauern erst zu Bruche,
wird die Lebendigkeit der Seele wahrnehmbar.

Doch wenn im Schutt auch Huf- und Mauerlattich blühen:
Die schönsten Blumen sind zum Blüh'n dort nicht bereit.
Nur der Verzicht, erst Hemmniswälle hochzuziehen,
ersparte uns das – oft vergebliche – Bemühen
ums Wurzeln auf den Trümmern alter Hörigkeit.

## Eldorado

*Du, hör mal: Lass uns diesen Sommer endlich*
*nach Frankreich fahr'n,* schlug Schulfreund Walter vor
und setzte – ohne es zu ahnen, denk' ich –
mir damit einen Floh ins Ohr.

Französisch hatten wir nun schon zwei Jahre,
den Mopedführerschein seit einem Jahr.
Ich freute mich: *Und ob ich mit dir fahre!*
Ein Traum von Freiheit würde wahr.

Als Gott in Frankreich leben hieß: nicht hungern.
Mit knusprigem Baguette und rotem Wein
sah ich uns schon an allen Tresen lungern
und Zucker in den Kaffee streu'n.

Mir mochte es schon deshalb viel bedeuten,
weil man dort die geliebte Sprache sprach.
Zudem bot es so viele schöne Seiten,
an denen 's unserm Land gebrach:

Ein weites, fremdes Universum harrte
darauf, entdeckt zu werden wie ein Schatz.
Der Raum, der neue Welten offenbarte,
bot allen Möglichkeiten Platz.

Ich durfte nicht. Die Eltern war'n dagegen.
Ich sei zu jung. Die Pyrenä'n: zu weit.
Und Walter fuhr allein dem Ziel entgegen ...
Ich hatte mich umsonst gefreut.

Der Traum jedoch gewann nur noch an Dichte.
Für *Freiheit* stand das ‚F' am Nummernschild.
Es stand, belegt durch die Kulturgeschichte,
für ein befreites Menschenbild.

Die Individualität – sie führte
die Skala Frankreichs an als höchster Wert.
Es war die Vielfalt, die mich faszinierte,
weit offen, frei und unversperrt.

Von der gezeitenrauen Wetterseite
bis zum subtropischen Zypressenhain
des Mittelmeers nahm es die ganze Breite
der Landschafts-Farbpalette ein.

Von den gewellten Feldern der *Champagne*,
aus Weizen und aus Wein ein weites Meer,
bis hin zum weiten Himmel der *Bretagne*
mit gälischem Atlantik-Flair,

vom höchsten Alpenberg, wo Gletscher wohnen,
zum herben Zauber des *Massif Central*,
von schroffen Templerburgen, düst're Kronen
auf Baskenzinnen, steil und kahl,

bis hin zum satten Tal der *Loire*, zu Schlössern
verspielter Architektenphantasie –
Gab 's an dem Land noch etwas zu verbessern?
Ich wusst' nicht was, ich wüsst' nicht wie.

Und mit der Zeit ergriff mich auch die Liebe
zum Schrifttum und zur Geisteswissenschaft.
Selbst wenn nach neuer Sintflut nichts mehr bliebe,
der Geist *Voltaires* blieb' dauerhaft.

Naja. – Klingt das nicht alles übertrieben?
Ist Frankreich dieser Lobeshymne wert?
Der Traum: Ist er ein bloßer Traum geblieben,
ein Wunschbild, frankophil verklärt?

Bei realistischer Betrachtung kranken
auch dort Behörden an Bürokratie.
Auch dort hat jede Freiheit enge Schranken,
und Gleichheit gab 's auch dort noch nie.

Wo Spannungen gewaltsam ausgetragen,
zählt Brüderlichkeit nicht zur ersten Wahl.
Und blieb gar die Vernunft, so bleibt zu fragen,
wirklich das höchste Ideal?

Doch will ich mich nicht richterlich erheben.
Der Traum als solcher war stets Elixier.
Denn ihm verdanke ich mein halbes Leben.
Ihn selbst jedoch verdank' ich dir:

Dir, Walter! Kannst du mich auch nicht mehr hören,
weil du vor mir gestorben bist – zu früh,
so hab' ich unsern Traum zu deinen Ehren
nochmal geträumt voll Sympathie.

Und glaube mir – kannst du 's auch nicht mehr lesen,
weil du mir wieder mal im Voraus bist:
Mich wird von deinem Andenken nichts lösen,
weil unser Traum darin lebendig ist.

## Galgenfristen

*Wie war das noch?*

Zum Skikurs mit der Klasse ausgeflogen
– wir mochten dreizehn Jahr' gewesen sein – ,
war'n wir zu einer Skitour losgezogen.
Die morgendlichen Sonnenstrahlen trogen:
Am *Rotwandkessel* brach der Sturm herein.

Die Felle an den Skiern: steif gefroren;
die Haltebänderknoten: stark vereist.
Die Brille auch. Und, Schneesturm um die Ohren,
hab' ich mitsamt dem Fell den Halt verloren
am höchsten Grat, wo 's achtzugeben heißt.

Der steile Boden auf der andern Seite
war blankes Eis, vom Sturm poliert und kahl.
Ich rutschte liegend in die tiefe Weite
und glitt trotz Stockeinsatz und voller Breite
zunehmend rasch und ungebremst zu Tal.

Ich weiß nicht, welcher Fügung ich 's verdanke
– zum Glück konnt' ich die Schlucht vor mir nicht sehn:
Zwei Meter vor der letzten Felsenkante
vermochte eine unsichtbare Schranke
mich abzubremsen. Und ich kam zum Stehn.

*Wie war das noch?*

Als ich Student in Frankreich war, vorzeiten,
entdeckte ich die Schönheiten des Lands
auf dem Motorrad. Gern ließ ich mich gleiten
durch Täler, Bergwald und die freien Weiten
des *Puy de Dôme* in frühlingsfrischem Glanz.

Auch jetzt bot mir die Fahrt verträumte Orte:
ein Hund auf der Chaussee, sonst menschenleer.
Nur einmal hielt ich an, auf ein paar Worte
mit einem alten Mann vor seiner Pforte:
ein *Résistant*, gut dreißig Jahre her.

Gemächlich ging es weiter durch die Täler.
Ich schien alleine unterwegs zu sein.
Die Straßen wurden kurviger und schmäler ...
Ich sah das Auto nicht, ein schwerer Fehler!
Direkt vor meiner Nase bog es ein.

Ich wachte wieder auf im Hospitale.
Die Elle war mit Platten fest verschraubt.
Und da erkannte ich mit einem Male,
wie gern man für Erfahrungen bezahle,
sofern das Überleben es erlaubt.

*Wie war das noch?*

*Balu*, die Kieljacht, war vor vielen Jahren
im *Mar' Tirreno* unsre Urlaubsjacht.
Mit Bruder, Schwägerin und Skipper waren
wir grad von *Ventotene* abgefahren
zum Ende unsres Törns: die letzte Nacht.

Fast Profis, freute uns die steife Brise,
die abends die *Balu* scharf vorwärts trieb.
Doch bald, zum Sturm mutiert, missfiel uns diese:
Aus jeder Welle wuchs ein grauer Riese,
der, sich in Staffeln türmend, auf uns hieb.

Der Skipper war im Gischt zum Bug gekrochen,
wo er die Fock als letztes Segel barg.
Und rings begann die dunkle See zu kochen,
und Salzfontänen fuhr'n ihm in die Knochen,
und mir die schiere Panik bis ins Mark.

Die Nacht war schwarz, und schwarz die Wassermassen,
in ihrem Mahlstrom taumelnd die *Balu*.
Durch die Kajüte flogen klirrend Tassen,
und ich, verzweifelt, suchte mich zu fassen
und fand, um Fassung ringend, keine Ruh.

Zuletzt hab' ich mich in das Los ergeben,
zermürbt und konvertiert zum Fatalist ...
Zehn Stunden sollte die *Balu* noch beben.
Dann schenkte mir und uns das Los das Leben
für eine neuerliche Galgenfrist.

So streckte mich schon mal das Schicksal nieder,
und brenzlig war so manche Situation.
Mal brach das Herz, ein andermal die Glieder,
und Wirbelstürme rupften mein Gefieder ...
Letztendlich aber kam ich immer wieder
mit einem blauen Aug' davon.

# Zu spät

Versteh' ich die Welt so, wie ihr sie verstanden?
War euer Erleben, wie meines heut' ist?
Kämt ihr mit dem Treiben in unseren Landen
zurande? Was kam uns an Werten abhanden?
Seid froh, liebe Eltern, dass ihr nichts mehr wisst!

Doch ich würde gern über euch mehr erfahren
als das, was mir ohnehin von euch bekannt.
Mein Blickwinkel änderte sich mit den Jahren:
Ich seh' Ungereimtes, wo nie Zweifel waren,
versteh' vieles anders, als ich es verstand.

So sind manche Worte  – von euch einst gesprochen
und mir in das kindliche Denken gesät –
mir tief ins Gemüt, ins Gedächtnis gekrochen.
Sie sind noch präsent, doch zu Rätseln zerbrochen ...
Für Nachfragen ist es inzwischen zu spät.

Zum Beispiel bei dir, Mama, mit deinen Bürden
aus Ängsten, zu drohenden Monstern gebläht:
Du wähntest, dass alle dich *ausrichten* würden ...
Betrogst du dich selbst um dein Leben durch Hürden
aus Selbsthass und Skrupeln? – Ich weiß: 's ist zu spät.

Zum Beispiel: Wie war das genau mit den Kriegen?
mit Glaube, Gehorsam und Autorität?
Die Albträume konnte Papa nie besiegen –
und hat doch die Milde in andren Bezügen
als *Humanitätsduselei* gern geschmäht.

Und: *Heirate niemals aus Mitleid!* Das sagte
mein Vater mir einmal vertraulich-beredt.
Was hieß das bei ihm? Schade, dass ich nicht fragte.
Weshalb es in seinem Fall daran so hakte,
werd' ich nie erfahren. Jetzt ist es zu spät.


Jetzt kann ich mit euch all das nicht mehr besprechen.
Ich kann nur beteuern, dass ich euch geliebt.
Gesagt hab' ich 's nie. Und jetzt? Wird sich das rächen?
Ich weiß – und ich hoffe, nicht dran zu zerbrechen:
*Zu spät* heißt, dass es keinen Neuversuch gibt.


Zu spät ist zu spät. Und es gibt nur ein Leben.
Was man da versäumt, wird vom Winde verweht.
Hab' ich es versäumt, euch die Hände zu geben
beim Abschied? Und war 's so: Könnt ihr mir vergeben?
Verzeiht.
      Ich vergaß es:
            Ich frage zu spät ...

## Dankbarkeit

Ein jeder neue Tag zieht neue Sorgen,
aus Ängsten oft geboren, aus dem Hut.
Dahinter aber bleibt zu oft verborgen:
Im Grunde sind das Heute und das Morgen
gesichert. Und den meisten geht es gut.

Auch mir geht 's gut. Doch ist das selbstverständlich?
Ist das nur mein Verdienst? mein gutes Recht?
Wohl nicht. Der Fremdanteil ist schier unendlich
als *Glück frei Haus*, wofür ich mich erkenntlich
erweisen und mich gern bedanken möcht'.

In einem sichren Land stand meine Wiege.
Die Klimazone: mild und moderat.
Ich kannte keinen Hunger, keine Kriege.
So sag' ich: *Gott sei Dank!* – was auch genüge:
Nicht sehr konkret zeigt sich der Adressat ...

An zweiter Stelle stehn die Eltern. Ihnen
gebührt mein tiefer Dank fürs Wohlergehn.
Ihr Kümmern musste ich durch nichts verdienen.
Und Dinge, die mir selbstverständlich schienen,
vermag ich heute als ihr Werk zu sehn.

Dann hieß es, mich von ihnen abzulösen.
Dank euch vom Jugendkreis gelang es mir
mit Reden, Singen, Feiern, Mopedpesen ...
Nur weil 's euch gab, bin ich so frei gewesen
und wurde frei. Habt lieben Dank dafür!

Beruflich musst' ich mich emanzipieren.
Ich hatte Glück mit der Kollegenschar.
Bei vielen war Verbundenheit zu spüren.
Für sie will ich ein Dankespäckchen schnüren
für jeden Tag, der uns gemeinsam war.


Dann gab 's noch die, die mich besuchen kamen.
Von Gästen hab' ich immer profitiert:
Für Ordnungsliebe legten sie den Samen.
Beim Hausputz ließen sie mich nie erlahmen.
Durch sie bin ich sogar zum Koch mutiert.


Nicht zu vergessen: all die vielen andern
Gefährten meines Wegs, wenn auch auf Zeit.
Verlief mein Weg auch weithin in Mäandern:
Sie halfen mir durch ihr Geleit beim Wandern
mit Rat und Tat und ihrer Freundlichkeit.


Doch über allem: Dank an euch, ihr Lieben!
Familienbande? Nur im besten Sinn!
Wenn Ängste mich in die Verzweiflung trieben,
habt ihr Zusammenhalt ganz groß geschrieben
und seid, was auch geschah, mir treu geblieben.
Ja : Euch verdanke ich, dass ich noch bin.

# IV

# Schmerzgrenzen

## Nicht ins Netz gegangen

Als Lebewesen, echt, vital,
aus Fleisch und Blut, begreif- und greif-
bar, gab 's Dich nur im Original,
und uns gefiel das Leben live.

Ganz ohne E-Mail, Face-book, Twitter,
nicht-virtuell, undigital
und Chatroom-frei sah uns kein Dritter,
und wir erlebten uns real.

Aus keinem Kupferdraht geflochten
umschlangen sich zwei Lebensfäden.
Leibhaftig sah'n wir, wenn wir mochten,
uns in die Augen, um zu reden.

Gespräche ungetippt zu führen
war wesentlich. Und auch fürs Bett,
zum Wärme und zum Nähe Spüren,
vermissten wir kein Internet.

An uns verzweifelten die Spitzel.
Big Brother im IT-Format
erzeugte in uns keinen Kitzel.
Wir lebten für uns, streng privat.

Heut' bin ich, da Du mich verließt,
betrübt, dass sich ein Schlussstrich zog,
doch froh, dass nichts gespeichert ist,
und lebe weiter  –  analog!

## Abgesang

Nicht *ein* Freund warst du, sondern *der*.
Zum ersten Mal in meinem Leben
begehrte ich sonst nichts so sehr
als mein Vertrauen dir zu geben.
Zum ersten Male liebte ich.
Zwei *Ich* verbanden sich zum *Wir*.
Allein dünkt' ich mich kümmerlich,
doch unbesiegbar neben dir.

Gewiss konnt' ich nicht alles fassen:
manch Stein in deinem Mosaik
schien nicht so recht ins Bild zu passen,
das ich von dir im Herzen trug.
So legten *mein* Gefühl, *mein* Wille
die Steinchen wunschgemäß zurecht:
Das Bild schien durch die rosa Brille
verheißungsvoll und wahr und echt.

Doch blieben dann im Lauf der Zeit
als Rest mir allzu viele Steine.
Erst spät war ich zu sehn bereit:
es war *mein* Bild, und nicht das deine.

Als dann die Steinchen anders lagen,
ergab sich nicht nur *ein* Gesicht.
Aufs rosa Bild aus alten Tagen
fiel janusköpfig böses Licht:
Dein Lachen zerrte sich zum Hohn,
zur Schlange deine Eleganz.
Und Spott war deiner Rede Ton,
in deinen Augen kalter Glanz.

Du sagst, dies seien Hirngespinste,
beteuerst, dass dir an mir liegt.
Doch wahr sind Taten nur, selbst kleinste.
Dein Wort war stets nur Politik.

Ich glaubte auf Granit zu bauen,
hab' mich dir völlig anvertraut,
warb sehnsüchtig um dein Vertrauen  –
Auf Sand war alles nur gebaut.
Ich hab' mich in dich fallen lassen
in meinem Angewiesensein.
Doch konnt' ich, fallend, dich nicht fassen
und fiel  –  und fiel auf dich herein.

Es ist so schlimm, dass dies' Gefühl
nun langsam meine Liebe frisst.
Ja, mein Empfinden wird so kühl
wie deines immer war und ist.
Schlimm, dass es dazu kommen konnte …
Wie eh und je bin ich allein.
Nur:  ohne Träume. Episode
wolltest du und wirst mir sein.

## Zu nah

Ich brauche Zeit für mich, will in mich lauschen
und selbst erspürn, was mir grad wichtig wär'.
Mein eigner Kopf ist gegen nichts zu tauschen,
und fremdbestimmt zu sein erträg' ich schwer.

Bin ich allein, vermag ich meine wahren
Bedürfnisse am ehesten zu sehn.
Alleinsein spart mir Zeit durch Worte Sparen
und macht mich auch ein Stück weit souverän.

Und du? Du scheinst mir darin nicht zu gleichen
und nur im Lot zu sein, bist du zu zweit.
Du brauchst ein Du, um Geister zu verscheuchen,
den Spuk der Angst vor der Verlassenheit.

Dein Reden gleicht dem Pfeifen eines Jungen,
der sich, allein, im Wald verloren wähnt.
Meinst du, die Ängste wären dann bezwungen,
wenn man die Stille einfach übertönt?

Du brauchst mein Ohr, um Worte loszuwerden.
Du spiegelst in mir deine Existenz.
Alleinsein würde diese glatt gefährden.
Gespiegelt erst bist du komplett, so scheint 's.

Und hast du mir im Ernst etwas zu sagen,
ist es oft unklar und verklausuliert.
Im Gegenzug, obschon klar vorgetragen,
wird in mein Wort hineininterpretiert.

Ist 's nicht das Wort, ist 's meine Körpersprache:
Sie wird durch deine Deutungswut gesiebt.
Und alles, was ich tu' und wie ich 's mache,
gewinnt an Wichtigkeit, die es nicht gibt.

So bin ich immer öfter unausstehlich,
erwidre deinen Ruf mit keinem Ton.
Und was ich für dich fühle, geht allmählich
von Milde über in die Aggression.

Und doch: Ein Stückchen deines Wunschs nach Nähe
bekäm' auch meinem schroffen Ego gut.
Denn wenn ich mich nur ständig um mich drehe,
versotte ich zuletzt im eignen Sud.

Auch dir könnte ein Teil von mir nicht schaden:
Ein Stück von meiner Härte gäb' ich her.
Sie käme dir zupass auf neuen Pfaden,
und weniger davon wär' für mich mehr.

Ein solcher Ausgleich zwischen Gegensätzen  –
natürlich eine Illusion, ein Traum.
Ich werde bocken, du wirst weiter schwätzen:
In unserm Alter ändert man sich kaum.

Die Nähe ist notwendig – unbenommen,
sofern sie nicht zu eng und nicht zu nah.
Doch ist sie zur Verschmelzung erst verkommen,
ist sie auf einmal  …   nicht mehr da.

## Verwirrt

Geh nicht hinaus! Du wirst dich schmutzig machen.
Du siehst doch, dass es regnet! Du wirst nass!
Bei all den schönen Marken-Anziehsachen,
die ich dir gab, versteh' ich keinen Spaß.

Du könntest dich am Ende noch erkälten
und könntest dich verletzen, rutscht du aus!
Voller Gefahren sind die äuß'ren Welten.
Ganz sicher bist du nur bei mir zu Haus.

Geh nach der Schule heim! Und auf der Stelle!
Treib dich nicht rum! Mach nichts, was ich nicht weiß!
Das Essen stell' ich in die Mikrowelle.
Auf *max* ist es nach zwei Minuten heiß.

Sprich unterwegs mit keinen fremden Leuten!
Spricht man dich an, ist 's nur ein übler Trick.
Bei einem Mann kann das Gefahr bedeuten:
Entführung droht, hat er dich erst im Blick!

Dann solltest du dich schleunigst einfach trollen,
so tun, als hättest du ihn nicht gehört.
Mit Kindern sprechen nur, die Böses wollen.
Da wäre jede Antwort grundverkehrt.

Und wenn er dabei lächelt: umso schlimmer!
Dann macht ein Notruf, macht ein Foto Sinn.
Denn Freundlichkeit zu Kindern weist fast immer
auf eine kriminelle Absicht hin.

Schon unter Schmerzen hab' ich dich geboren,
hab' dich gewickelt und dich selbst gesäugt.
Und dass ich dich zu meinem einz'gen Schatz erkoren,
hab' ich dir stets mit Zärtlichkeit gezeigt.

Nicht wie dein Vater, der nur auf sich schaute
und mich zuletzt mit dir alleine ließ
und sich  – wie dumm, dass ich ihm je vertraute! –
als Rabenvater und Halunk' erwies.

Wer trägt denn jetzt die Lebenshaltungskosten?
Du weißt, die Alimente reichen nicht.
Nur ich steh' immer für dich auf dem Posten
und bin nur fort, ruft mich Beruf und Pflicht.

Dafür hab' ich dir einen Heimcomputer
und Spielkonsolen aller Art geschenkt.
Das hilft, auch wenn ich da bin, mir als Mutter,
dass nicht nur immer alles an mir hängt.

Ich habe dich noch nie zu was gezwungen.
Dein Zimmer ist dein eignes Königreich.
Nur deine E-Mails les' ich notgedrungen
im Laptop mit … Ich denk', es ist dir gleich.

Dafür kauf' ich dir jeden Schokoriegel
und zahl' dir gerne jedes Mac-Menü.
An coolen Outfits, nur mit Markensiegel,
und neuen i-Phones fehlt 's dir bei mir nie!

Du kannst vorerst nicht ohne Mutter leben:
ein Umstand, der dir sicher nicht entging.
Und wenn du willst, beschwer' ich mich mal eben
beim Rektor über deine Mathelehrerin.

Nur ich kann diese Fünf zur Drei verwandeln.
Ich weiß, wie man in dem Bereich verfährt.
Und wenn ich will, wird man dich gut behandeln.
Nun sei den mütterlichen Einsatz wert!

Geh nicht hinaus! Und wenn, nur in Begleitung!
Und ruf' mich sofort an, wenn du wo bist!
Du weißt schon: Jeden Tag kommt 's in der Zeitung.
Da steht: Schon wieder wird ein Kind vermisst.

Ich bin in meinem Umgang mit dir offen:
Ich liebe dich und will, dass du mich liebst.
Ich hab' dir viel geschenkt. Nun darf ich hoffen,
dass du mir Investiertes wiedergibst.

Doch du folgst nicht. Du treibst mich in den Wahnsinn.
Und wegen dir ist meine Seele trüb.
Willst du dran schuld sein, dass ich elend dran bin?
Dann hat dich die Mama auch nicht mehr lieb.

Am besten gingst du heute nicht zur Schule.
Ich unterschreibe: *wegen Übelkeit.*
Denn mir ist übel. Ich bin nicht die Coole.
Und für die Heldin hab' ich keine Zeit.

Ich mein' es gut mit dir. Tu, was ich sage!
Alleinerziehend hab' ich es nicht leicht.
Und stell mir bitte keine weitere Frage.
Du weißt: Ich will dein Bestes.
Und das reicht.

## Aufruf, politisch korrekt

Wer wollte die Freiheit im Reden und Denken,
ein mühsam errungenes Grundrecht und Gut,
je wieder beschädigen oder beschränken?
Man denkt, es gäb' niemand, der so etwas tut.

Doch Vorsicht! Die Dinge beim Namen zu nennen
wird wieder gefährlich – Recht hin oder her.
Die Geister von Eifrern, die Bücher verbrennen,
gehn, neu eingekleidet, schon wieder umher.

Zwar werden noch keine Traktate zu Asche.
Noch hält sich Zensur zumeist schamhaft bedeckt.
Doch zunehmend wird die *Korrektheit* zur Masche:
Moral wird gefordert – und Maulkorb bezweckt.

Die Fettnäpfchen liegen zuhauf auf den Wegen.
Sie blühen und werden von Tag zu Tag mehr.
Sich immer politisch korrekt zu bewegen
bringt Wahrheit zu Fall und fällt zunehmend schwer.

Ein Nichts stempelt Grass schon zum *Antisemiten*.
Ein Nichts – und schon bist du ein schlimmer *Sexist*.
Hysteriker kreischen. Doch heißt 's sich zu hüten,
sie so zu bezeichnen. Sag nie, wie es ist!

Soll ich nun schon deshalb auf Klarheit verzichten?
Die Schere im Kopf und mit Korb vor dem Maul
schrieb' ich nur belanglose Schnulzengeschichten.
Der Zopf blieb' der alte, und einiges faul.

Ich lass' mich nicht knechten. Und will dich ermuntern:
Bewahr dir ein aufrechtes, freies Gemüt!
Wer Freiheit nicht wahrnimmt, braucht sich nicht zu wundern,
wenn sie sich ihm heimlich, allmählich, entzieht.

# Im Heim

Ein dämmriger Lichtschein, noch zögernd vom Morgen gesandt,
setzt erste Akzente im trüb-fahlen Rauminventar:
wie Goldzähne schimmernde Vasen, gereiht an der Wand;
ein Bild der Madonna, als Beistand in Not und Gefahr;

davor, auf dem Tisch, ein paar künstliche Blumen im Glas,
die falschfarbig Freude am Leben verkünden – all dies
des Vorwohners Erbe, das man zu verräumen vergaß,
nachdem er das Zimmer, das Haus und sein Leben verließ.

Der übrige Raum wirkt, in Dämmer getaucht, wie ergraut,
mit wenigen, billigen Möbeln betulich verbrämt.
Von dir stammt hier kaum etwas. Fremd ist der Ort, unvertraut.
Das eigne Daheim: nur mehr Traum – ein Verlust, der dich lähmt.

Du wohnst in der Ecke des Zimmers im mächtigen Bett,
elektrisch betrieben, für dich unbedienbar indes.
Am Tischchen daneben verkümmert auf einem Tablett,
von dir nicht benutzbar, ein halbleeres Schnabelgefäß.

Von dir unbemerkt, läuft tagsüber dein Fernsehgerät.
Die Folge der Bilder scheint sinnlos: Auf ‚stumm' ist der Ton.
Das Leben, ein kleiner und bunter Fleck Mobilität,
springt, rätselbehaftet, gespräch- und geräuschlos davon.

Vom Gang jetzt dementes Geschrei, ein fast tierischer Laut,
zerrissen und grell. Nach Minuten erst Stille … wie Eis.
Ein schauriges Hörspiel. Der Nachhall gefriert auf der Haut.
Man weiß nicht Bescheid. Man versteht nicht und grübelt im Kreis.

*Was war das?*, so fragst du, vom Schock kurz im Denken erhellt.
Doch vor jeder Antwort versinkst du im Halbschlaf erneut,
sprichst wirr und entschwindest nun wieder im Bann deiner Welt,
in deiner, von niemandem einsehbar, inneren Zeit.

Dann: Essen. Da zählen Sekunden. Man zieht dich ins Lot,
der Schmerzen nicht achtend, die plötzliche Drehung erzeugt.
Nun sitzt du am Bettrand, verzweifelt, im eigenen Kot.
*Sie Ferkel!* Du schaltest dich ab, stumm und reglos gebeugt.

Du störst den Betrieb, der aus Zeitnot oft Not ignoriert ...
Spürst du, dass du einer zuviel bist? Bricht dich, was du spürst?
Zum Dämmern verdammt, weil kein Weg mehr zur Besserung führt,
versteinerst du neuerlich, bis du dich schließlich verlierst.

Durchs Fenster dringt schwindendes Licht in das Zimmer,
wo Sein mit dem Schein und dem Nicht-Sein verschwimmt.
Die Vasen verbreiten noch goldenen Schimmer,
eh' dieser im Abgang des Tages verglimmt.

## Gedenken

Nichts mehr ist wie früher. Denn du fehlst uns.
Gerne gäben wir vom Leben ab.
Wissend, dass der Tod das Leben rundet,
hätten wir ihn, fühlend, dir gestundet.
Unverhofft nahm er dich mit ins Grab.

Wer besingt das Frühjahr jetzt? Du fehlst uns.
Wer bejubelt sommers die Natur?
Wer bestaunt im Herbst das Gold der Wälder?
Wer zieht auf die winterweißen Felder
nur mit scheuen Augen eine Spur?

Wer verwöhnt uns jetzt wie du? Du fehlst uns.
Wer macht uns am Kochtopf etwas vor?
Wer vermehrt den Alltag mit Ideen?
Wer lässt uns auch kleine Freuden sehen,
meistert jedes Schicksal mit Humor?

Wer wird lachen, so wie du? Du fehlst uns.
Wer beweint verlorne Menschlichkeit?
Wer bescheidet sich, wo andre mäkeln?
Wer wünscht mehr an Phantasie beim Regeln
manchen Streits in regelloser Zeit?

Wer ermuntert mich zu neuem Spiele?
Wer verdammt mich nicht, wenn ich verlier'?
Wer bestärkt mich, wenn ich Schwäche fühle?
Wer benutzt mich nicht für eigne Ziele,
nimmt mich, wie ich bin? Wer außer dir?

Deine Worte: Weisheit aus Erfahrung.
Deutlich hör' ich noch, wie du erzählst.
Deine Lebensleistung ist Vermächtnis.
Zum Bedürfnis wird mir dein Gedächtnis:
Alles bist du mir, seit du mir fehlst.

## Letzte Fragen

Wer weint um mich, wenn ich in Stille gehe?
Was denkt, wer sich entsinnt, wenn Trauer weicht?
Wie sehr ersehnte man dann meine Nähe,
die heute eher vager Ferne gleicht?

In wessen Kopf werd' ich lebendig bleiben?
Wer denkt an mich, in Treue zugewandt?
Wer würde meine Leidenschaft beschreiben,
die mich, viel Leiden schaffend, sinnlos band?

Wer wird, was ich erkannte, auch verkraften?
Wer ist zu neuer Denkungsart bereit?
Und meine andren Hinterlassenschaften:
Sind sie, wie ich, nur Rest vergangner Zeit?

Wird jemals jemand Rat von mir vermissen?
Nicht oft hat einer mich danach gefragt.
Wen hätte ich durch Zuspruch trösten müssen?
Ich hätt 's gekonnt, und hab' doch nichts gesagt.

Zu Recht mag mich Vergessenheit ereilen:
Nicht alles ist gelungen, was ich tat.
Nicht wahllos mag Erinnerung verweilen:
Nicht durchweg zeigt mein Lebenslauf Format.

Im Grunde ist 's egal. Die Jahre rinnen.
Egal, was ich in fremden Augen bin,
egal, was andre dann mit mir beginnen ...
Es wäre schlimmstenfalls nur – kein Gewinn.

# V

# Dünkel

# Theater

Ein jeder tut nur so, als ob,
und jeder macht Theater.
Die Ernsten tun auf ganz salopp,
die Lahmen springen im Galopp,
man ist sich selbst Gottvater.

Probleme gibt 's. Doch eigne nie!
Die Schuld hat stets der Zweite.
Man selbst ist klug und schön, und wie!
herausgeputzt wie Federvieh –
Tja, Kleider machen Leute.

Mit Starallüren fängt es an,
mit Haargel und Krawatten.
Und doch: Auch Diva, Pfau und Schwan
verlieren bald an Reiz. Und dann?
Scheinwerfer werfen Schatten.

Wer dann noch sehen kann, der sieht:
kein Mensch mehr, der bewundert …
Wozu hat man sich abgemüht?
Ist das das Glück, für das man stritt?
Theater: Trug und Plunder?

Nun: Bühnenspiel, es ist zu dumm,
hielt man fürs echte Leben.
Der Akt ist aus. Das Stück ist um.
Das Weltall ist das Publikum.
Applaus wird es nicht geben.

## Stolz

Was denn?! Du bist nicht stolz auf unser Land?
nicht stolz darauf, was unser Volk errungen?
auf unsre Heimat, Land der Nibelungen,
der Treue und des Glückes Unterpfand?

Du bist nicht stolz auf unsre großen Geister,
die aller Welt Bewunderung einflößen?
Du bist nicht stolz auf unsre Sportlergrößen?
Auf uns schaut alle Welt! Wir sind Weltmeister!

Du bist nicht stolz? Du Defätistenschwein
verrätst das Volk und spuckst auf unsre Ehr'.
Merk dir das gut: Wir sind nicht irgendwer
und stolz darauf, nicht irgendwer zu sein!

Es tut mir Leid. Ich kann nicht Stolz empfinden
für eine Leistung, die nicht ich erbracht.
Mag eigne Leistung durchaus Stolz begründen,
so wirkt doch anders, was ein andrer macht.

Doch selbst wenn ich auch Unerhörtes leiste,
empfinde ich den Stolz nur sehr beschränkt.
Dann bin ich eher dankbar. Denn das meiste
bekam ich selbst schon als Talent geschenkt.

Es tut mir Leid. Was kann denn Stolz bedeuten?
Wenn er erscheint, dann kommt er stets zu zweit.
Stolz und Verachtung sind die beiden Seiten
derselben Münze der Unmenschlichkeit.

Bedaure. Stolz? Den hab' ich abgehakt.
Trifft - zeitgeisthörig - mich auch deine Wut,
sag' ich doch klar, was schon der Volksmund sagt:
Durch Stolz und Dummheit strömt dasselbe Blut.

## Treibholz

Von einem Meer von Wissen rings umbrandet
fragt sich die Menschheit, wie es weitergeht.
Doch nichts geht mehr. Die Menschheit ist gestrandet.
Steckt fest. Und tut, als ob sie es versteht.

Dabei hat sie so gut wie keinen Schimmer  –
doch Lösungen sofort, und auch zuhauf.
Vom Wissen ringsum aber greift sie immer
nur angeschwemmte Zufallsfunde auf.

So manches Treibholz wird an Deck gehoben
als bruchstückhafte Information.
Doch nur das Allerleichteste schwimmt oben.
Wo man noch forschen müsste, glaubt man schon.

Und jeder nimmt den ihm genehmen Brocken
und fühlt sich damit bestens informiert.
Zur Selbstkritik kann ihn kein Lohn verlocken.
Nur Schmeichelndes wird zu Gemüt geführt.

Wenn, dann gebraucht man Wissen stark verwässert.
Ansonsten herrscht Gedankenvakuum.
Es hat sich nichts verändert, nichts verbessert:
Des Menschen Trägheit macht die Menschheit dumm.

Der Menschheit bleibt, die Dummheit zu verwalten.
Mit Krieg und Folter und Unmenschlichkeit
sind die Rezepte nach wie vor die alten.
Nur zum Gezeitenwechsel taugt die Zeit.

Und jede neue Flut bringt neue Trümmer.
Und jeder Ebbe folgt die neue Flut.
Mit jeder Flut wird auch die Menschheit dümmer.
Gott steh' uns bei. Sie weiß nicht, was sie tut.

## Die Eieruhr

Sehr aufrecht bist du, jedes Zoll
ein ehrenwertes Glas!
Dein Kopf ist hohl, dein Bauch ist voll,
Verdauung ist dein Sinn und Soll,
das Schlucken Ziel und Maß.

Dann kommt die Revolution. Auch du stehst Kopf, du auch.
Und Kopf wird Bauch, und umgekehrt,
derweil erneut der Kopf sich leert:
Schon füllt der Sand den Bauch.

Zwar ist jetzt unten oben. Doch 's ist alles wie vorher:
Willkommen ist das nächste Ei,
von welcher Henne es auch sei,
ob gut, ob faul, ob leer ...

Zur Pflichterfüllung, nur zu ihr, bist du allzeit bereit.
In einen vier-Minuten-Takt
hast du die Ewigkeit gepackt
und wähnst dich Herr der Zeit.

Und wie du heute aufrecht stehst, so stehst du morgen Kopf.
Gerecht, beamtisch und loyal
zwingst du die Eier jedes Mal
gleich lange in den Topf.

Erneut im Lot – doch niemals quer.
Und Sand rinnt sacht und stur.
Dein Bauch wird voll, dein Kopf wird leer ...
Du bist halt doch nur irgendwer,
nur eine Eieruhr.

## Eine Gesellschaft

Die Erde hat sich abgekühlt,
schafft Elendsgestalten,
gezeugt durch Gewalten,
lässt Kinder erkalten
kaum, dass sie das Leben gefühlt.

Maschinen machen stumm und taub.
Industrie-Arroganz
tanzt Fließbandtanz,
raubt Großem den Glanz
und bleibt auf den Straßen als Staub.

Und Sensation wird aufgebläht.
Populisten, die lenken
das Vorurteilsdenken
mit Maßkrugschwenken:
Oktoberfestmentalität.

Den Götzen namens *Schein* und *Macht*,
den Konsum-Fetischisten,
den Karrieristen,
den Disco-Narzissten
gehört nicht nur samstags die Nacht.

Wir aalen uns in schalem Ruhm
und kulturieren die Erde
mit erhabner Gebärde  –
Doch in unsrer Herde
herrscht niederstes Spießbürgertum.

## Vollkasko

Das Leben der zivilisierten Moderne
ist so kompliziert, dass man nichts mehr versteht.
Was nützt es dann, dass man das Denken erlerne?
Soll'n andre verstehen! Die macht man dann gerne
verantwortlich, wenn einem etwas missrät.


Wie sollte die Frau mit dem Pudel auch wissen,
dass der nicht zum Trocknen ins Backrohr gehört?
*Ein Pudel ist niemals ins Backrohr zu schließen!*
Die Anleitung ließ diese Warnung vermissen.
Der Hundstod war reicher Entschädigung wert.


Wie kann denn ein Lungenkrebskranker auch ahnen,
dass er durch sein Rauchen sich selbst ruiniert?
Der Staat müsste lauter und wirksamer mahnen,
gesetzlich verbieten, strategischer planen,
verhindern, dass Werbung den Bürger verführt!


Wie sollte der Schüler verstehn, bleibt zu fragen,
dass er mit zwei Fünfen nicht aufrücken kann?
Erbost wird der Vater die Lehrer verklagen:
*Zu streng die Benotung!* Doch eignes Versagen
und eigene Faulheit sind nie schuld daran.


Die eigne Verantwortung darf es nicht geben.
Der andre ist schuld ... oder höh're Gewalt.
Verplant und versichert nur lässt es sich leben.
Und geht dann im Leben mal etwas daneben,
muss es einen geben, der für einen zahlt.

Der Staat hört das Klagen und hilft mit Geboten,
durch die er die Welt nun von Vielfalt befreit.
Schon hat er – und nur, weil 's ein paar Idioten
an Hirn fehlt – gleich allen das Denken verboten.
Führt Fortschritt zurück in die Unmündigkeit?

Der Staat wird zum Vater, die Bürger zu Kindern.
Zum Bruder – *Big Brother!* – wird die Polizei.
Zwar nicht, um die Autonomie zu behindern:
Die Qual der Entscheidung beim Kinde zu lindern
behauptet der Vater – und schafft Gängelei.

Mit Risikoängsten und Sicherheitsdenken
wird buntes zu farblosem Lebensgefühl.
In Sicherheit lässt sich das Leben ertränken.
Aus Fürsorge, freilich. Doch bleibt zu bedenken:
Gewinn gibt es nur, ist auch Einsatz im Spiel!

Nur dort, wo sich Lachen und Weinen verbinden,
herrscht Leben, weil *beides* zum Leben gehört.
Flieht eines, wird mit ihm das andre verschwinden.
Wie wäre es, Freiheit als Chance zu empfinden?
Das Leben wär' spannend – und seiner erst wert.

# Reifezeugnis

Für reif erklärt und vorgestellt
im Zeugnis und im Schülerakt –
Doch reif wofür? Für eine Welt,
die regelt, wie man sticht und hackt?

Reif für die Wahrheit,
        dass die Wahrheit teilbar wie ein Kuchen ist,
von dem der mit der größten Klappe
                ungeniert am meisten frisst?

Reif für die Wahrheit,
    dass der Mensch dem Bauchgefühl, dem dumpfen Trieb
gehorcht, und der Vernunft nur dann,
          wenn sie im eignen Vorteil liegt?

Reif für die Wahrheit,
        dass man wieder Hexen jagt als neuer Kult?
Als neuer Pranger dient die Presse.
           Sie verkehrt Verdacht zur Schuld.

Reif für die Wahrheit,
    dass die Mode *Spitzeln – Mobben – Denunziern*
Gemüt und Geist vergiftet und
        durch Allmachtsphantasie das Hirn?

Reif für die Wahrheit,
    dass der täglich neu durchs Dorf getriebne Bock
der Medienhysterie entstammt,
         dem neuen Opium fürs Volk?

Reif für die Wahrheit,
        dass den hart errungnen Menschenrechten jetzt
der Sicherheitswahn satter Geister
                barsch den Todesstoß versetzt?


Reif für die Wahrheit,
      dass der Menschheit Menschlichkeit zu mühsam ist?
Den Menschenfresser kümmert nicht,
                dass er die eigne Seele frisst.


        Für dies und mehr noch reif werd' ich
        kaum vor dem Lebensende sein ...
        Doch bis dahin:  Heißt reif Sein, sich
        trotz allem schlicht des Lebens freun?


        Ich weiß es nicht. Doch ahn' ich heute,
        was Reife niemals machen sollte:
        sich dieser kalten Zeiten wegen
        als Raureif auf die Seele legen ...

*Moderne Zeiten*   sind jetzt angebrochen.
Die Eitelkeiten steigen aus den Grüften.
Man überlistet seine alten Knochen
und liftet neben Face auch Po und Hüften.
      (Sogar die Pole schmelzen langsam ab.)

Auch Autos liftet man zum Selber-Denken.
Das Fahren wird verlernt vom Steuermann.
Nun braucht er ja auch nicht mehr selbst zu lenken.
Zur Not gibt 's einen Hacker, der das kann.

Die Datensätze lagern zu Milliarden
in einer Cloud im Niemandsland des Alls,
gut überwacht von Schnüfflern aller Arten
und von der Macht des großen Kapitals.
      (Sogar die Pole schmelzen lang ab.)

Finanzgebaren: Gehen Staaten pleite,
dann rettet man sie rasch, doch nur zum Schein.
Denn schon heimst sich der Retter geile Meute
die Zinsen und das Tafelsilber ein.

Das Unglück fördert wieder Wahn und Glauben:
Die einen glauben an den bösen Gott.
Die meisten glauben an Computerzauber
und googeln, chatten, simsen polyglott.
      (Sogar Pole schmelzen lang ab.)

Man selbst ist nicht von seinem Phone zu trennen.
Durch You-tube nämlich weiß man erst Bescheid!
Auf Face-book lernt man tausend Freunde kennen!
Auch Instagram grassiert in jüngster Zeit.

Die Umgangsformen, die man früher ehrte,
die Bildungsideale:  abgeschafft.
Die Einbildung ersetzt die Bildungswerte,
und Selbstgerechtigkeit strotzt nun vor Kraft.
      (Sogar Pole schmelzen ab.)

Im Netz bleibt keine Zeit, sich erst zu bilden.
Im Netz ist Schweigen Silber, Reden Gold.
Wir kommentier'n und posten wie die Wilden.
Und nachgedacht wird höchstens ungewollt.
　　　(Gar Pole schmelzen ab.)

Top oder Flop? Da gibt 's kein Zwar und Aber.
Entschieden wird sehr schnell und aus dem Bauch
und ohne langes Hin- und Hergelaber.
Die Schüsse aus der Hüfte werden Brauch.
　　　(Pole schmelzen ab.)

Jetzt kann man alles anonym vertwittern.
Und Shitstormlügerei verbreitet Gift.
Den Opfern bleibt nur, wehrlos zu verbittern,
wenn Niedertracht auf feige Häme trifft.
　　　(Pole schmelzen.)

Zwar weiß man: All das gab 's zu allen Zeiten,
weil nicht erst heute Schlechtigkeit regiert.
Doch mit den grenzenlosen Möglichkeiten
der Technik hat sich alles potenziert.
　　　(Pole zen.)

Der Fortschritt kommt global und unausweichlich.
Wer jetzt auf T tippt, kriegt ihn sicher gleich.
Die Kleinen macht er arm – so ist 's gebräuchlich –
und Manager, nicht nur an Dünkel, reich.
　　　(Pole.)

Wir leben in der Ära hohler Phrasen.
Vergangen ist die Zeit, als man 's so schön
den Lügen noch an ihren langen Nasen
und ihren kurzen Beinen angeseh'n.
　　　(Po.)

## Die Wüste und der Bush

Nach der langen Reaganzeit
spross Grün aus Texas' Sand.
Kakteen wuchs mit stars & stripes
ein blühendes Gewand.

Und auch ein großer Bush erblühte
aus Patriotenholz.
Die Blüten waren Cowboyhüte,
die Blätter schicke Colts.

Der träumte von bewegten Zeiten,
von Wüstensturm und Ruhm.
Als Sheriff übern Erdball reiten,
ja, das wär' Heldentum!

Der Wunsch ward wahr mit Peng und Bumm,
und siegreich knallt' der Sekt.
Doch letztlich blieb von wahrem Ruhm
der Bush recht unbeleckt.

Zehn Jahre gingen übers Land,
bis aus dem welken Laub
des Bushs ein kleiner Bush erstand
wie Phönix aus dem Staub.

Der wuchs und wuchs, und dann nicht mehr
und blieb letztendlich klein.
Und wollte doch so gern wie er,
wie einst sein Vater sein!

So groß und stark und heldenhaft
und wüstensturmbewährt!
Ob er es jemals auch so schafft
und Texas' Ruhm vermehrt?

Wie schafft man neue Wüstenstürme?
Wie wird man Chef der Welt?  –
Da stürzt der Himmel auf zwei Türme,
und ein Symbol zerfällt.

Das ist die Chance seiner Tage,
erkennt der Bush sofort,
und in der allgemeinen Klage
wird *WAR* zum Zauberwort.

Mit einer Stimme jubeln alle
dem Retter Hosianna zu.
Nun ist er wer, mit einem Male,
er, Bush, George Dabbelju!

Und so gedeihen Machtgelüste,
Buschbrand, Weltbrand, einerlei,
bis dass die ganze Welt der Wüste
Texas zum Verwechseln sei.

*(August 2002)*

99

# VI

# Tierisches

## Missverständnis programmiert

Ein Truthahn schleppt, von Durstgefühlen
und Hitze matt, sich Richtung Fluss,
um Stirn und Schnabel abzukühlen,
und weil er dringend trinken muss.

Dort senkt er seinen Kopf zur Flut,
an dem ein Fleischgehänge hängt,
bei dem, weil es gefüllt mit Blut,
man an ein Wurmgebilde denkt.

Schon hat er sich hinabgebeugt
und pickt und saugt vom kühlen Nass.
Indes ein Fisch nach oben äugt:
Dort kringelt sich doch wurmgleich was?!

Der Fisch hat freudig angebissen ...
Doch beiderseits herrscht Freude nicht.
Denn missverständlich, muss man wissen,
ist eignes Tun aus fremder Sicht.

Und die Moral von dieser Fabel:
Was klar ist, ist durchaus nicht klar.
Am besten hält man (raus) den Schnabel ...
Fehlinterpretationsgefahr!

## Die prickelnde Erkenntnis

Geburtstag hatt' ich. Sonntag war es.
Die Morgensonne stand am Platze,
begrüßte mild *den* Tag des Jahres
und schien mir freundlich auf die Glatze.

Ich saß auf der Terrasse schon,
genoss, bevor die Gäste kamen,
die Ruhe vor der Invasion
der eingeladnen Herrn und Damen.

Vor mir ein Glas voll süßem Sekt,
den ich für mich allein geköpft –
ein Saft, mit dem man Geister weckt
und seelisch neue Hoffnung schöpft.

Es herrschte Frieden. Ein Idyll.
Bis auf die Wespe, die soeben
herbeigewepst kam. War ihr Ziel,
an meinem Sekt sich zu beleben?

Sie schien nervös ums Glas zu pendeln,
und das verstärkte den Verdacht.
Doch wie sollt' ich ihr Streben händeln?
nichts tun und zuseh'n, was sie macht?

Zur Wahl stand nur, sie stracks zu töten.
Doch hieße das: den Frieden stören,
und auch die Stimmung ginge flöten.
Und deshalb ließ ich sie gewähren.

       Ich schloss die Augen. Leise summt'
       es noch ein Weilchen hier vor Ort.
       Doch bald schon war auch das verstummt.
       Die Wespe war wohl wieder fort.

Genießerisch griff ich zum Glas
und führte es mir an die Lippen,
um etwas von dem leckren Nass
des Sektes neuerlich zu nippen.

Da spürte ich aus kühlem Glase
den äußerst kribbeligen Sekt.
Ich schielte prüfend vor die Nase ...
und hab' es dort voll Schreck entdeckt,
                  das *im Sekt*!

Das Kribbeln macht' die Wespe mir!
Ich spuckte panisch in die Welt.
– Nun weiß ich auch, warum dies' Tier
  zur Klasse der *Imsekten* zählt.

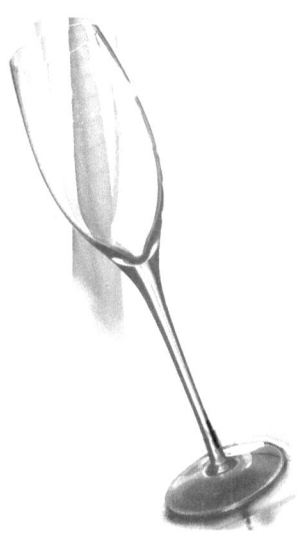

## Der Goldhamster

Ein Goldhamster, des Nachts aktiv,
legt sich am Morgen still zur Ruh.
Die Morgensonne schaut leicht schief
neidvoll dem Tier beim Schlafen zu

und denkt: *Das Gold des Hamsters käm'*
*in meinem Licht doch erst zum Glanz?!*
Sie stupst das Tier unangenehm:
*He, du da, Tier, wie heißt du? – Hams.*

*– Ach weißt du,* sagt sie, *Hans im Glück*
*gab auch sein Gold zu gerne her!*
*Gib mir dein Gold! Du kriegst 's zurück!*
*Im Schlaf ist es dir doch zu schwer!*

Der faule Hams, nur viertelwach,
merkt nicht so recht, wie ihm geschieht:
Er blinzelt nur dem Golde nach,
das nun die Sonne ihm entzieht.

Jetzt nur noch Hamster, ohne Gold ...
*Egal,* denkt er, schläft weiter, und
die Sonne hamstert unverzollt
sich 's in die Backen.
                              Seit der Stund'
hat – wie das Sprichwort es gewollt –
die Morgenstunde Gold im Mund.

## Wenn man in der Tinte sitzt

An feuchtem Ort, im Mittelmeer,
da haust ein alter Tintenfisch
in einer dunklen Felsennisch'
am Haiweg acht, im Tiefparterre.

Man nennt ihn Opa Oktopus,
weil er in seiner Großspurart
auf Schritt und Tritt bei jeder Fahrt
acht Füße kontrollieren muss.

Was Wunder, dass dem reich Bestückten
beim unbedachten Überqueren
des Haiwegs, knapp vor Krabbes Scheren,
die vielen Beine sich verstrickten?!

So kam 's zur Kollision der beiden.
Der Alte rief: *Ein Weib, natürlich!*
Und sie begann – nicht ungebührlich –
sich wutentbrannt krebsrot zu kleiden.

Voll Zorn ging sie mit ihrer Zange
jetzt los auf seinen Beinewald.
Tintenfischringe wär' er bald,
erkannte er, von Ahnung bange.

Doch plötzlich – grad noch früh genug! –
entsann er sich der Tintenfinten.
Und sie, umdunkelt vorn und hinten,
kam in der Brühe nicht zum Zug.

Das Beispiel zeigt, wie einfach man,
auch wenn 's an Jugendfrische fehlt
und man sich selbst ein Bein gestellt,
sich aus der Tinte ziehen kann.

107

## Des Straußen Kern

Es lebten traut in der Savanne
Madame Strauß nebst ihrem Manne
und ihrem Straußensohn, dem kleinen,
auf ihren Straußenfederbeinen.

Und täglich nach der großen Hitzen
liefen sie auf Zehenspitzen
durch die abendliche Stille
der savannischen Idylle.

Sie liefen gut und fanden 's fein,
zu Fuß in der Natur zu sein.
Das Fliegen ihrer Ahnenschaft
galt als verpönt, *zigeunerhaft*.

Zivilisiert sein hieß: Verlier
das niedrig-Tierische an dir!
Nun gut. Bis, pubertätsbedingt,
dem Sohn es eines Tages stinkt:

*Mir reicht 's, mich immer nur auf Füßen
durch flaches Land bemühn zu müssen!
Kein Vogel, der nicht fliegen kann!*
Und so fängt er zu flattern an.

Von einem Felsen springt er ab  –
und stürzt kopfüber jäh hinab!
Sein Kopf verbohrt sich tief im Sand,
wofür der Strauß seitdem bekannt.

So spürte er schon früh, als Kind,
dass, wer sich auf sich selbst besinnt,
in unserer Savannenwelt
ganz furchtbar auf die Schnauze fällt.

## Bimbo

Einst sprach ein Elefant zum andern:
*„Der Wild'rer Wüten hierzulanden*
*ist tödlich für uns Elefanten!*
*Wie wär 's, wenn wir auswandern?"*

Der andre fächelt' mit den Ohren:
*„Der Plan wirkt nicht sehr elegant.*
*Welch stolzer Afro-Elefant*
*fühlt' sich zur Flucht geboren?"*

Da gab der eine ihm zurück:
*„Fühl dich als El'fant Hannibals!*
*Du weißt, die Wand'rung dazumals*
*hat uns mit Ruhm geschmückt!"*

So machten sie sich auf die Socken.
Sie schwitzten in der Sahara,
eh' sie die Straß' von Gibraltar
durchschwammen und frohlockten.

Bald kamen in Iberien
sie glücklich an, voll Zuversicht,
und fühlten sich bei Ufersicht
fast wie in Ferien.

Erst später dann, in Südfrankreich,
empfanden sie den Marsch als Last
und machten immer öfter Rast:
Die Knie wurden weich.

Und jetzt die Alpen! Ausgelutscht
und hungrig quälten sie sich hoch
und wären dann beinah auch noch
am Gletscher ausgerutscht.

Da sprach der eine müd' zum andern:
„ 's ist zwecklos. Ohne Kompass wird
das nichts, weil man sich bloß verirrt.
Man kann nicht ziellos wandern."

Da sprach der andere zum einen:
„Wir gehen meiner Nase nach.
Und wenn ich es nicht richtig mach',
dann folgen wir der deinen."

„Nein! Keinem Rüssel ist zu trauen!  –
Wie wär's, wenn wir dem Westwind folgten,
von West nach Ost, der Luft, den Wolken,
den weißen und den blauen?"

So führte sie Weißblau fürbass
herab, bis hin zum fernen Mingga.
Dort stemmten ihre Rüsselfinger
die lang ersehnte Mass.

Doch schon am nächsten Tage nahm man
die beiden in Containerhaft,
weil sie auf ihrer Wanderschaft
aus sichrem Drittland kamen:

„Asyl? Zu wos, moant's, gibt's a Grenz?
Es kennt's glei umkehrn! Auf geht's! Hopp!
Asyl woit's? Naa, des schminkt's eich ob,
wo'z net moi Boarisch kennt's!

Schaugt's eich doch oo! Mit dera Nos'n!
Und mit dem Orsch mecht's bei uns bleim?!
Der passt ja net amoi in Scheim
nei in a Lederhos'n!

*Asyl?! Es unverschämte Kerl'!*
*Hopp, schleicht's eich hoam, es Elefanten,*
*Verbrecher, Grattler, Asylanten,*
*zu eiam Bimbogschwerl!"*

So warf man sie wie Straßenräuber
hinaus in Staub und Asche. Tja,
Staub gab 's auch in Afrika ...
Doch hier gab 's noch viel Stoiber!

*[Dezember 2002]*

111

## Giraffen

Ihr scheint euch, von ferne besehen, nie schnell zu bewegen.
Auf Beinen wie Stelzen wird jeder Schritt vorab geprüft.
Sogar unter Zeitdruck, wenn Feinde durchs Steppengras fegen,
wirkt euer Galopp – der staksigen Gliedmaßen wegen –
gedehnt und verlangsamt, als ob ihr in Zeitlupe lieft.

Ansonsten durchmesst ihr in wiegendem Passgang die Strecken
zum nächsten Akazienhain, wo ihr wieder verweilt,
um dort eure Hälse in schwindelnde Höhen zu recken,
mit schlängelnden Zungen nach Blattwerk und Ästen zu lecken
zu spärlichem Mahl, das die friedliche Herde sich teilt.

Zuoberst der Kopf mit den knöchernen Zapfen als Krone:
Als Morgenstern schwingt ihr ihn manchmal in buhlendem Streit.
Dann, wimpernbeschattet, die kugligen Augen, auch ohne
Make-up mit dem Blick eines Stars, einer Film-Amazone,
zu Szenen des Kampfs wie zu Szenen der Liebe bereit.

Die untere Mitte umwedelt ein Pinsel in zierlichem Bogen:
Mit ihm habt ihr sicher das Netz, das euch tarnt, aufgemalt
und euch mit vieleckigen Flecken geschickt überzogen.
So schuft ihr statt üblicher Tarnung, von Kunstsinn bewogen,
ein Werk, dessen Glanz den von anderen weit überstrahlt.

Und plötzlich erkenn' ich in euren gereihten Konturen
in flirrender Ferne ein Schriftbild: den Buchstaben A.
Ergibt sich aus diesen konstant wiederholten Figuren,
Majuskeln und Lettern, ein Sinn? – Ich deute die Spuren
und lese voll Ehrfurcht darin:

$$\textsf{A\small FRIK\normalsize A} \dots$$

## Das indische Panzernashorn

Triceratops-Panzer bewehren den massigen Leib,
aus Platten gefügt und an Schenkeln und Schultern vernietet.
Das hängende Haupt ist gekrönt durch ein Stirnschild und bietet
ganz vorn nur den Rest eines Horns mit obskurem Verbleib.

Du scheinst auf den Hornstumpf zu starren. Dein Name: verspielt.
Zum Glück siehst du schlecht. Und du weißt nichts vom eigenen Namen.
So ist es auch sinnlos, verbohrt in Vergangnem zu kramen:
Verloren, wer gegen die Zeit nach Verlorenem wühlt.

Beweglich allein deine Lauscher in Kegelgestalt:
Im Kreise sich drehend und pendelnd in rascher Bewegung
empfangen die flinken Antennen die leiseste Regung
der Umwelt und sichern dir Orientierung und Halt.

Dein Übriges wirkt wie aus Lava geformt und erstarrt.
Verschmolzen mit Urgestein, wie um die Zeit zu bewahren,
verkörperst du Räume von zig Millionen von Jahren,
den ganzen entwicklungsgeschichtlichen Ast deiner Art.

Vom Alter gedunkelt erscheinst du, graubraun-anthrazit,
als reglose spachtel- und pinselgebor'ne Attrappe,
als wirktest du nur als Kulisse aus Gips oder Pappe
und nicht mehr als Mime im weiteren Weltzirkus mit.

Vielleicht hast du zu viel verloren an Identität,
hast mit deinem Horn auch die eigene Würde vergeben …
Vielleicht hast du mehr als genug von den Kämpfen im Leben
und weißt: Für Empfindsamkeit war es schon immer zu spät.

Doch plötzlich verzieht sich das Spitzmaul zu spottendem Hohn,
der Hals schwenkt zur Seite, und tänzelnd, auf jeweils drei Zehen,
grazil und gazellenhaft wendet das Tier sich zum Gehen
und trottet nun unverzagt, stillvergnügt schaukelnd, davon.

## Villa Dracula

Als lichtscheues Volk aus den Tiefen verwinkelter Felslabyrinthe
verlasst ihr nur nachts eure Höhlen in Schwärmen und huldigt dem Mond,
den ihr wie chimärische Schatten besprenkelt mit flatternder Tinte.
Steht ihr für das Heer der Verstorbnen, das Grabkatakomben bewohnt?

Von Römern schon über die Stalltür genagelt zur Abwehr von Geistern
verkörpert ihr finstere Mächte, vor denen ein Hexer erblasst.
Euch machen geriffelte Ohren, die sehen, zu Wahrnehmungsmeistern:
Durch Ultraschall wisst ihr, was sonst weder Auge noch Ohr je erfasst.

Den Tag über hängt ihr in bebenden Bündeln als üppige Trauben
von Kellergewölben herab, auf *kopfüber* als Haltung bedacht
und Nischen verschwörerisch nutzend, die sicheres Ruhen erlauben.
So stellt ihr die Welt auf den Kopf und verwandelt die Tage zur Nacht.

Ein jeder der baumelnden Beutel, gefüllt mit Geheimnissen, spendet
ein Rätsel, in Häuten aus Latex und Leder hermetisch verpackt.
Jetzt dient euch die Flughaut, die ihr bei der Jagd auch als Kescher
                                                    verwendet,
als Umhang, in dessen Klausur ihr dem Treiben des Tages entsagt.

Am Abend braucht ihr euch nur fallen zu lassen, schon seid ihr am Fliegen.
So startet zur Suche nach Opfern des Nachts der *gemeine Vampir*.
Die Schrift an der Fledermausgrotte erklärt – doch vielleicht sind das Lügen:
Nur *Brillenblattnasen*, mithin Vegetarier, gebe es hier.

Verunsichert öffne ich leise die Türe. Mir fehlt das Vertrauen,
weil Unheil verkündend darüber ein Schild mit dem Hausnamen hängt.
Da steht: *Villa Dracula*! Zögernd betret' ich das Dunkel voll Grauen
und schließe die Tür hinter mir, als mich Schwärze zur Gänze umfängt ...

# Inhalt

Die beiden Vorgängerbände *beiZeiten* (ISBN: 978 38448 18734) und
*Borkenrisse* (ISBN: 978 37322 32666) sind bis April 2017 im Buchhandel erhältlich.
Bei späteren Kaufwünschen bitte an den Autor wenden:

**Wolfgang Knittel**
**Postf. 500 371**
**80 973 München**

Beide Bände sind auch als Hörbücher erschienen.
Diese sind nur direkt vom Autor unter der hier angegebenen Adresse zu beziehen.

Für *Fermate* ist keine Hörbuchausgabe geplant.
**Alle darin enthaltenen Texte sind jedoch, vom Autor gesprochen, im Internet auf**
***Literaturradio Bayern*** **in verschiedenen Sendungen zu hören.**

Startseite: www.literatur-radio-bayern.de

Tipp: Die entsprechenden Sendungen sind leicht durch das Benutzen des auf
der Startseite angebotenen Suchfelds (Eingabe: *Knittel*) zu finden.